Woher kommen die kleinen Buben und Mädchen

Kurt Seelmann

Woher kommen die kleinen Buben und Mädchen

Ein kleines Buch zum Vor- und Selberlesen
für 8- bis 13jährige Mädchen und Buben

Mit 26 Abbildungen

18. völlig neu bearbeitete Auflage

Ernst Reinhardt Verlag München Basel

Kurt Seelmann, Erziehungsberater und Psychotherapeut in München. Ehemaliger Leiter des Stadtjugendamtes München, Meggendorferstraße 22, 8000 München 50

Übersetzungen des Buches erschienen in folgenden Sprachen:

Französisch	Verlag Castermann, Paris/Tournai
Italienisch	Verlag Borla, Turin
Niederländisch	Verlag Lannoo, Tielt/Den Haag
Portugiesisch	Verlag Morais, Lissabon
Spanisch	Verlag Plaza & Janes, Barcelona
Ungarisch	Verlag Medicina, Budapest
Slowakisch	Verlag Osveta, Martin (CSSR)
Türkisch	Verlag Artel, Sirkeci-Istanbul
Griechisch	Verlag G. A. Kostakis, Saloniki-Kalamaria

CIP-Kurztitelaufnahme der Deutschen Bibliothek

Seelmann, Kurt:
Woher kommen die kleinen Buben und Mädchen: ein kleines Buch zum Vor- und Selberlesen für 8- bis 13jährige Mädchen und Buben / Kurt Seelmann. — 18., völlig neu bearb. Auflage. — München, Basel: E. Reinhardt, 1979.
ISBN 3-497-00886-9

ISBN 3-497-00886-9

796.—805. Tausend

Printed in Germany
Satz: Fertigsatz GmbH, München
Druck: Pressedruck, Augsburg
Aufbindung: Grimm & Bleicher, München

Inhaltsverzeichnis

Mein lieber Leser!
Meine liebe Leserin!

Nun hast auch Du mein kleines Büchlein in der Hand, das ich vor einigen Jahren für Mädchen und Buben Deines Alters geschrieben habe, um Antworten auf die Fragen zu geben, die in Deinem Alter ganz selbstverständlich auftauchen und von Dir selbst nicht allein geklärt werden können.

Als ich es damals schrieb, erzählte man Kindern noch sehr häufig, sie seien vom Storch ins Haus gebracht worden. Man wollte natürlich nicht die Kinder belügen, sondern glaubte zu dieser Zeit, sie könnten das, was mit der Geburt zusammenhängt, noch nicht verstehen. Inzwischen weiß man, daß das nicht stimmt. Es ist sogar für jedes Kind sehr viel schöner, wenn es erfährt, daß es in seiner Mutter Leib herangewachsen ist, als wenn es denken sollte, daß es von einem fremden Vogel irgendwo aufgefischt und in Mutters Schoß gelegt worden wäre. Man fühlt sich doch der eigenen Mutter viel verbundener, wenn man erfährt, wie es sich tatsächlich verhält.

Inzwischen haben mehrere Hunderttausende von Kindern, die schon lesen können, mein kleines Buch gelesen. Sie wissen nun genau Bescheid, was alles geschehen muß, bis ein kleines Baby geboren werden und heranwachsen kann. Über zweitausend Kinder haben mir geschrieben, daß sie alles gut verstanden hätten. Einige haben mir auch noch zusätzliche Fragen gestellt, an die ich beim Schreiben nicht gedacht hatte. In der neuen Auflage habe ich das, was sie vermißt haben, mit hineingearbeitet. Überhaupt habe ich vieles nochmals gründlich überdacht und neu geschrieben.

Wahrscheinlich haben Dir Deine Eltern das kleine Buch geschenkt. Du kannst jetzt alles selber in Ruhe lesen und wirst dabei merken, daß es sich bei all dem, was Du erfährst, um ganz natürliche, aber ernsthafte Sachen handelt, die man wissen darf und wissen soll. Bleibt Dir irgend etwas unklar und kannst Du es auch beim wiederholten Lesen nicht ganz verstehen, so frage Deine Mutter oder den Vater. Sie können Dir alles noch ausführlicher erklären.

Mit anderen Kindern darüber zu reden, lohnt sich oft nicht. Die meisten von Deinen Altersgenossen wissen nicht mehr als Du. Du kannst aber auch an einen Mitschüler geraten, der nur schmutzig über diese Dinge spricht. Und das wäre schade, weil es sich ja nicht um schmutzige, sondern vielleicht um merkwürdige, aber sinnvolle, völlig saubere und notwendige Zusammenhänge handelt. Das wirst Du ganz sicher beim Lesen erkennen.

Lies das Buch von Anfang an, Kapitel um Kapitel bis zur letzten Seite, möglichst jeden Tag nur eines. Du weißt ja, daß man — wenn man ein Haus bauen will — beim Kellerausgraben anfangen muß. Man kann nicht beim ersten Stockwerk beginnen, selbst wenn man dort einziehen möchte. Auch bei einem Buch geht es um einen überlegten Aufbau. Da gibt es zuerst einleitende Kapitel, die die Grundlage für spätere bilden. Vielleicht ist Dir davon schon manches bekannt. Trotzdem solltest Du sie nicht überschlagen, denn nur wenn Du alles der Reihe nach liest, verstehst Du am Schluß den gesamten Zusammenhang und weißt dann für Dein Leben Bescheid.

Freu Dich, wenn Du beim Lesen merkst, daß Du schon eine ganze Menge weißt. Beim Weiterlesen wirst Du sehen, daß das Schon-Bekannte mit dem Neuen, das Dir noch nicht bekannt war, zusammengehört. Darüber kannst Du dann nachdenken. Beim Lesen ist es ähnlich wie beim Essen: dazwischen muß man eine Pause machen, denn man braucht auch Zeit zum Verdauen.

München, Mai 1979 *Kurt Seelmann*

1. Es gibt zweierlei Menschen

Das weißt Du natürlich schon: Kinder sind entweder Mädchen oder Buben, und Erwachsene entweder Frauen oder Männer. Du weißt sicher auch, daß aus Mädchen nur Frauen und aus Buben nur Männer werden können. Merkwürdig ist, daß man eine unverheiratete Frau »Fräulein« nennt. Wenn man gerecht wäre, müßte man eigentlich einen nicht verheirateten Mann

Erkennst Du das Mädchen unter den drei Kindern?

»Herrlein« nennen. Weil man heute gerechter als früher sein möchte (und weil kein unverheirateter Mann Herrlein heißen möchte), sprechen die moderneren unter den heute lebenden Menschen auch ein unverheiratetes Fräulein, besonders wenn es berufstätig ist, als »Frau« an. Wenn Du zu den modernen gehören möchtest, solltst Du das auch tun.

Bei den Erwachsenen kann man Frauen und Männer leicht unterscheiden. Bei kleinen Kindern ist das heute wesentlich schwerer. Setzt man sich auf eine Bank an einem Spielplatz und schaut kleinen Kindern zu, wie sie im Sand schaufeln und graben, weiß man oft nicht, wer von diesen Kleinen ein Mädel oder ein Bub ist. Beide haben lange Spielhosen an. Meistens haben beide einen ähnlichen Haarschnitt. Selbst im Wesen unterscheiden sie sich kaum. Beide raufen, wenn sie uneins werden (auch die Mädchen), beide weinen, wenn sie in Wut kommen (auch die Buben), und beide rennen zu ihrer Mutter und verpetzen. Trotzdem vertragen sie sich hinterher schnell wieder und spielen miteinander weiter, als wenn nichts vorgefallen wäre.

Beide — Mädchen und Bub — sind zu dieser Zeit noch rechte Mutterkinder. Beide haben vor Älteren noch großen Respekt und bekommen schnell Angst, wenn man sie etwas scharf anspricht. Der kleine Bub ist nicht mutiger als das kleine Mädchen, und das Mädchen ist nicht feiger als der Bub. Deshalb kann man beim ersten Zuschauen meist gar nicht sofort sagen, ob so ein kleines Menschenkind nun ein Junge oder ein Mädchen ist.

Aber Du weißt, das ist nur auf dem Spielplatz so. Wenn Schwester und Bruder abends vor dem Baden nackt durch die

Wer von den beiden ist der Bub?

Wohnung laufen, kann man sie leicht unterscheiden. Zwar sehen sie — von hinten besehen — noch immer gleich aus. Aus der nebenstehenden Zeichnung kannst auch Du nicht sagen, wer von den beiden das Mädchen und wer der Bub ist. Bist Du ein Bub, wirst Du meinen: »Natürlich der Größere ist der Bub.« Ist aber die Schwester älter, so ist die Größere das Mädchen. Jedenfalls kann man das (von der Rückseite her) nicht feststellen.

Jedoch fällt das Unterscheiden leicht, wenn wir die beiden von vorne zu sehen bekommen.

Auf dieser Zeichnung siehst Du nun sofort den Geschlechtsunterschied.

Von vorne gibt es keine Verwechslung mehr!

Der Bub hat an der Stelle, an der seine Beine aus dem Bauch herauswachsen, ein kleines Röhrchen, aus dem er pinkelt, wenn er muß. Und wenn man genau hinsieht, hat er dahinter auch noch ein kleines Hautsäckchen mit zwei kleinen Kugeln drin. Dieses Röhrchen heißt »Glied« oder auch »Penis«. Die zwei kleinen Kugeln heißen »Hoden«.

Das Mädchen hat an der gleichen Stelle kein Glied und kein Hodensäckchen. Man sieht nur einen kleinen Schlitz, der nach innen führt. Manche Mädchen meinen deshalb, sie seien etwas zu kurz gekommen, es fehle ihnen sozusagen etwas. Es soll auch schon Mädchen gegeben haben, die glaubten, man habe ihnen vielleicht den kleinen Penis und das Hodensäckchen abgeschnitten. Das ist aber nicht so. Bei den Mädchen ist alles innen drinnen. Da steht das Röhrchen nicht heraus, sondern geht hinein. Das Röhrchen, das nach innen führt, heißt »Scheide«. Das Mädchen hat auch zwei solche kleine Kugeln. Die sind aber unsichtbar, weil sie innen im Bauch sind. Diese beiden Kugeln heißen beim Mädchen »Eierstöcke«.

Bub und Mädchen sind also gleich gut ausgestattet. Beim Buben ist alles nach außen gestülpt und deshalb zu sehen. Beim Mädchen dagegen ist alles im Inneren verborgen. Warum das so ist, wirst Du in diesem Buch etwas später noch erfahren.

Für jetzt ist für Dich wichtig zu wissen, daß man nur an diesem kleinen Unterschied sicher erkennen kann, ob es sich um ein Mädchen oder einen Buben handelt. Und wenn in einer Familie ein kleines Baby geboren wird, sehen die Eltern an dieser Stelle nach, um zu erfahren, ob sie eine kleine Tochter oder einen kleinen Sohn bekommen haben.

Weil diese beiden Organe (die des Buben und die des Mädchens) mit Sicherheit angeben, welches Geschlecht das Kind hat, nennt man sie »Geschlechtsorgane«. Organ nennt man einen kleinen oder größeren Teil des Körpers, der eine bestimmte Aufgabe in uns zu erfüllen hat. Z. B. übernimmt der Magen die Verdauung, das Herz pumpt das Blut durch den Körper. Die Augen müssen das Sehen, die Ohren das Hören und die Zunge das Abschmecken übernehmen.

Der Mann hat dieselben Geschlechtsorgane wie der Bub. Natürlich sind sie beim Vater größer, weil ja alles an ihm größer ist (z. B. seine Hände, seine Füße, sein Kopf usw.) als bei seinem kleinen Buben. Und weil Glied, Hoden und Hodensack zusammen immer das männliche Geschlecht anzeigen, nennt man sie die »männlichen Geschlechtsorgane«.

Die Frau hat ebenso wie das Mädchen eine Scheide, die nach innen führt, und die zwei kugelförmigen Eierstöcke, die man die »weiblichen Geschlechtsorgane« nennt. Du solltest Dir diese Namen nun gleich alle merken.

Eine der Aufgaben dieser Organe ist es, daß durch sie die Flüssigkeiten ausgeschieden werden, die der Körper nicht mehr brauchen kann. Beim Buben werden sie durch den Penis und beim Mädchen durch eine kleine Öffnung vor der Scheide herausgelassen. Kleine Babys müssen erst die Kontrolle über diese flüssigen Ausscheidungen lernen. Zuerst machen sie das Bett und ihre Windeln naß. In Deinem Alter wirst Du sicher nicht mehr in die Hose und auch nicht mehr ins Bett nässen. (Solltest Du noch das Bett naß machen — im Schlaf meine ich —, so solltest Du mit Mutter oder Vater in eine Beratungsstelle gehen. Dort hilft man Dir, das schnell loszuwerden.) Die ausgeschiedene Flüssigkeit heißt »Harn« oder auch »Urin«. Der Arzt sagt zum Pinkeln deshalb »urinieren«.

Der Bub braucht zum Urinieren nur seinen Hosenschlitz zu öffnen, sein Glied herauszuholen und kann stehend sein »kleines Geschäft« besorgen. Das Mädchen zieht das Höschen herunter, kauert sich hin oder setzt sich bequem aufs Klosett. Beim Erwachsenen bekommen die Geschlechtsorgane noch zusätzliche Aufgaben. Darüber in einem späteren Kapitel mehr.

Wie Du weißt, haben wir noch ein zweites Ausscheidungsorgan. Zwischen den beiden Popo-Backen ist eine kleine Öffnung, die wir mit einem Muskel öffnen, schließen und geschlossen halten können. Diese Öffnung heißt »After«. Aus dem After wird all das aus dem Körper hinausbefördert, was von dem, was wir gegessen haben, nicht mehr gebraucht werden kann. Dieser Abfall heißt »Kot«. Der Kot riecht nicht gut und beschmutzt meistens auch die Umgebung des Afters. Deshalb muß man sich nach jeder Sitzung gründlich mit Klopapier saubermachen, weil sonst die Unterwäsche beschmutzt würde. Und das wäre ja eine Schweinerei. Ich hoffe, daß Du da mit mir einer Meinung bist. Zum Abschluß einer solchen Darmausscheidung wäscht sich jeder reinliche Mensch, ganz gleich ob er noch klein oder schon erwachsen ist, seine Hände. Wenn Du das bis jetzt noch nicht getan hast, mußt Du Dir das sofort angewöhnen. Hast Du nicht schon im Kindergarten das kleine Verslein gelernt:

Nach dem Abort und vor dem Essen
Händewaschen nie vergessen!

Oder findest Du es nicht unappetitlich, mit Aborthänden Dein Pausebrot zu verzehren? Außerdem soll man sich jeden Tag bei der Abendwäsche nochmals gründlich die Umgebung des Afters mit Seife waschen, natürlich mit dem »Popo-Waschlappen«. Fürs Gesicht braucht man einen anderen Waschlappen. Das haben Dir wahrscheinlich Deine Eltern schon längst gesagt. Ich möchte mir jedenfalls mit dem Popolappen nicht im Gesicht herumfummeln.

Ich kann mir denken, daß Dir das erste Kapitel nicht viel Neues mitgeteilt hat. Wenn Du Geschwister mit verschiedenem Geschlecht hast, weißt Du natürlich längst über den Unterschied der männlichen und der weiblichen Geschlechtsorgane Bescheid. Wenn Du, mein Leser, ein Bub bist, könnte es sein, daß Du Dich mit Penis und Hodensäckchen als besser ausgestattet fühltest. Nun weißt Du, daß das nicht so ist. Du bist nur anders als Deine Schwester, aber im Grunde mit ihr gleich gut versorgt. Wenn ein Mädchen meine Leserin ist, wird sie sich vielleicht freuen, daß sie nun weiß, daß sie dem Bruder nicht nachsteht. Ich wiederhole deshalb hier nochmals: beim Buben ist von außen her mehr zu sehen, weil seine Geschlechtsorgane nach außen gestülpt sind, während sie beim Mädchen — unsichtbar von außen her — innen untergebracht sind. Das zu wissen, ist auch schon ein erster Gewinn.

Bist Du aber das einzige Kind in der Familie oder hast Du nur Geschwister mit dem gleichen Geschlecht wie Du selbst, so konntest Du in der eigenen Familie vielleicht den Unterschied der Geschlechtsorgane nicht sehen. Aber wahrscheinlich hast Du schon in der Badeanstalt einmal einen kleinen »Nackedei« des anderen Geschlechts gesehen, oder Du hast mit Nachbarskindern »Doktor« gespielt. Das tun viele Kinder in der Vorschulzeit, um sich die Aufklärung zu verschaffen, die in der eigenen Familie bis dahin nicht möglich war. Das ist nichts Böses. Wenn man dann gesehen hat, wie es sich mit den verschiedenen Geschlechtsorganen verhält, ist man zufrieden. Man weiß nun Bescheid und kommt sich nicht mehr dümmer als die andern vor.

Wahrscheinlich kanntest Du noch nicht die Namen für diese Organe. Die neuen Wörter solltest Du Dir jetzt schon merken. In der Familie werden sie häufig durch kindlichere Bezeichnungen ersetzt, z. B. Brünnlein oder Bächlein beim Mädchen, oder Zipfelchen oder Schwänzchen beim Buben.

Jetzt kennst Du die richtigen Bezeichnungen. Du wirst nicht mehr als kleines Kind angesehen, wenn Du sie in der Schule, beim Arzt oder später auch zu Hause verwendest.

Damit ist das erste Kapitel zu Ende. Hoffentlich hast Du morgen oder übermorgen wieder Lese-Appetit für das 2. Kapitel.

2. Sind sonst Mädchen und Buben gleich?

Wie schon gesagt, sind Mädchen und Buben im Vorschulalter (mit Ausnahme der verschiedenartigen Geschlechtsorgane) ziemlich gleich. Das macht es ja so schwer, festzustellen(wenn man kleinen Mädchen und Buben am Sandkasten zusieht), wer von den Spielenden ein Mädel oder ein Bub ist. Natürlich sind Mädchen und Buben verschieden, aber das sind auch Mädchen untereinander genauso wie Buben untereinander, selbst wenn sie alle gleich alt sind.

Allerdings behaupteten früher fast alle Eltern: »Wenn die Kinder größer werden, unterscheiden sich Mädchen und Buben immer stärker!« Man glaubte damals bemerkt zu haben, daß zum Beispiel Mädchen öfter und mehr weinen als Buben und überhaupt wehleidiger sind. Das trifft ganz bestimmt nicht mehr auf alle Mädchen von heute zu, besonders wenn sie von Anfang an mit Buben zusammen spielen. Sie wollen dann nicht hinter den Buben nachstehen und verhalten sich genauso wie ihre männlichen Spielkameraden, weinen nicht mehr als diese und sind ebenso mutig wie sie.

»Buben«, sagte man früher, »strolchen gern draußen herum, während Mädchen lieber zuhause bleiben!« Daß das so war, stimmt. Aber nicht, weil Mädchen lieber als Buben zuhause bleiben, oder weil Buben lieber als Mädchen hinaustrachten. Die Eltern ließen eben Buben in den Hof zu ihren Freunden und sahen es weniger gern, wenn Mädchen genauso wie die Brüder nicht zuhause bleiben wollten. Die Mutter sagte: »Das Herumstrolchen schickt sich nicht für Mädchen! Freilich ›Buben müssen hinaus und müssen lernen sich mit ihren Freunden auseinanderzusetzen!‹«, und wenn sich dann das Mädchen beklagte: »Zuhause ist es aber so langweilig!«, gab die Mutter den Rat: »Lade Dir doch eine Freundin ein! Oder besuche eine Schulkameradin! Aber das Herumstrolchen paßt einfach nicht für ein Mädchen!«

Der große Unterschied zwischen Buben und Mädchen in früherer Zeit lag an der damaligen Erziehung. Weinte ein Mädchen, so fand man das fast richtig. Weinte dagegen ein Bub, so wurde er ausgelacht und verspottet: »Schämst Du Dich nicht! Ein Bub weint nicht! Wenn Du weiterhin eine solche ›Heulsuse‹ bist, werden wir Dir wohl einen Rock anziehen und Dich in eine Mädchenschule schicken müssen!« Da bemühte sich der Verspottete, in Zukunft nicht mehr zu weinen. Vielleicht wußte er damals auch noch nicht, daß man durch einen Rock nicht in ein Mädchen verwandelt werden kann. Die Kleidung — das weißt Du ja — kann nicht das Geschlecht ändern, das schon bei der Geburt durch die Geschlechtsorgane bestimmt ist. Umgekehrt wurde ein Mädchen geschimpft wenn es einmal über einen Zaun oder auf einen Baum kletterte wie der Bruder: »Ein Mädchen klettert doch nicht auf den Baum! Schämst Du Dich denn gar nicht. Das mögen Buben tun. Aber für ein Mädchen gehört sich das wirklich nicht!« Damals hatte man es gern, wenn Buben etwas wild waren, sich mutig erwiesen, Wettkämpfe veranstalteten, auch wenn sie nicht gerade höflich waren. Mädchen aber sollten sich schon sehr früh so gesittet und höflich benehmen wie Erwachsene und sehr auf ihre Kleidung achten.

Weil man Mädchen und Buben sehr unterschiedlich erzog, wurden sie dann auch sehr verschieden. Man hatte den Wunsch, Mädchen und Buben zu zweierlei Menschen zu erziehen. Das fing deshalb schon beim Spielzeug an. Das Mädchen bekam auch schon ganz andere Sachen zum Spielen als der Bub.

Mädchenspielsachen	*Bubenspielsachen*
eine Puppe	ein Teddybär
eine Puppenküche	ein Kaufladen
ein Puppenwagen	ein Fuhrwerk, ein Auto
Puppengeschirr, Puppenkleider	ein Baukasten, ein Kran, ein Bagger
ein Kochherd mit Töpfen und Kochsachen	eine Eisenbahn mit Schienen und Schranken, techn. Spielsachen
ein Puppenhaus	eine Großgarage
Handarbeitssachen	Bastelsachen und Werkzeuge

Das Mädchen sollte sich durch seine Mädchenspielsachen zu einer guten Hausfrau, Mutter und Köchin entwickeln, während sich der Bub durch seine (oft auch technischen) Spielsachen auf einen späteren Beruf einstimmen und vorbereiten sollte.

Spielte gelegentlich ein Bub mit der Puppe seiner Schwester, lachte man ihn aus: »Du willst wohl ein Mädchen werden?« Und wollte ein Mädchen mit dem Bruder mitbasteln, so wies man es mehr oder weniger dringend auf die schönen Mädchenhandarbeiten hin. »Basteln ist doch nur etwas für Buben!«

Heutige Eltern denken und handeln da anders. Sie finden es sogar richtig, wenn ein Bub einmal mit der Puppe der Schwester spielt, und schenken ihm eventuell sogar eine eigene, wenn er sich eine zu Weihnachten wünscht. Seine Eltern meinen: »Es kann ihm nicht schaden, wenn er neben anderen Spielsachen auch mit einer Puppe spielt. Vielleicht wird er dann später ein besonders netter, freundlicher Vater, der mit seinem kleinen Kind gut umgehen kann!«

Und umgekehrt haben heutige Eltern nichts dagegen, wenn die kleine Tochter auch mit den technischen Spielsachen des Bruders spielt. Frauen von heute müssen ja mit vielen technischen Haushaltsgeräten umgehen können (Staubsauger, elektrische Kaffeemaschine, elektrische Waschmaschine, Telefon, Nähmaschine usw.) und müssen deshalb auch eine ganze Menge von Technik verstehen. Und Du weißt ja, daß viele heutige Frauen den Führerschein erworben haben und das Auto genauso sicher wie ein Mann durch den Großstadtverkehr steuern. Deshalb kommt es gar nicht so selten vor, daß manche kleinen Mädchen schon vor einem Puppenwagen einen Gocart (Tretauto) oder einen Holländer bekommen und im Hof oder auf dem Spielplatz — wie früher nur Buben — herumkutschieren.

Wenn heutige Eltern nicht mehr einen so großen Unterschied in der Erziehung von Mädchen und Bub machen, so hat das natürlich — wie Du sehen wirst — einen Grund. Du weißt daß heute die Mädchen nicht mehr **einseitig** auf den Hausfrauenberuf hin erzogen werden. Heute erlernen nach dem Schulbesuch auch Mädchen — wie früher nur Buben — einen Beruf. Sie wollen auch eigenes Geld verdienen und sich — neben den Männern — in den verschiedensten Berufen bewähren, die früher nur Männer erlernt haben. Wahrscheinlich weißt Du, daß Mädchen Ärztinnen, Lehrerinnen, technische Zeichnerinnen, Kunstmalerinnen, Psychologinnen, Schriftstellerinnen, Professorinnen und sogar Ministerinnen werden können und noch viele andere Berufe erlernen können, von denen Du noch nie etwas gehört hast. Früher waren die allermeisten von diesen Berufen nur Männern vorbehalten, weil man damals dachte, Frauen seien für solche Berufe nicht geeignet. Da sich aber in den letzten Jahrzehnten immer mehr junge Mädchen und Frauen im Berufsleben bewährten, ist ein wichtiger Grund weggefallen, Mädchen und Buben verschieden zu erziehen.

Das hat sich z. B. auch auf die sportliche Betätigung der Mädchen ausgewirkt. Leibesübung und Sport sind heute keineswegs nur noch Vorrechte für Männer. Heute genügen sich die Mädchen nicht mehr nur mit den bisherigen Damensportarten, wie Gymnastik, Roll- und Schlittschuhfahren und eventuell elegant ausreiten, sondern viele trainieren ebenso sportlich wie die männlichen Jugendlichen Leichtathletik, Speerwerfen, Kugelstoßen, Handball usw. (es gibt sogar schon einen Frauenfußballklub). Du hast sicher davon gehört, daß in der Winterolympiade 1976 in Innsbruck ein Mädchen (Rosi Mittermaier) zwei Gold- und eine Silbermedaille gewonnen hat. Sie brauste die steilen Schneehänge genauso mutig und kraftvoll hinunter wie früher nur die allerbesten männlichen Skisportler.

Mädchen wollen sich nicht nur beruflich sondern auch sportlich neben den jungen Männern behaupten und in Geschicklichkeit und Leistung mit ihnen konkurrieren.

Zusammengefaßt läßt sich sagen: Seit man Mädchen und Buben gleichmäßiger erzieht, ist der Unterschied zwischen den beiden kleiner geworden. Die jungen Mädchen sind in ihren geistigen und körperlichen Leistungen den Buben immer ähnlicher geworden.

Und wie ist es mit den Buben und Burschen? Haben sie sich auch verändert?

Ja. Auch sie haben von sich aus den Abstand verringert. Ich kenne eine ganze Reihe von netten kleinen und größeren Buben, die der Mutter bei Arbeiten im Haushalt so gut und verläßlich helfen, wie das früher nur Mädchen taten. Allerdings haben die meisten einen Vater, der mindestens oft (wenn auch nicht immer) im Haushalt mithilft und mit zupackt.

Seit viele Ehefrauen vor der Ehe einen Beruf erlernten, bleiben sie oft bis zum ersten Kind noch berufstätig. Und da ist richtig, daß sich der Ehemann sagt: »Meine Frau arbeitet wie ich acht Stunden in ihrem Beruf. Da kann ich doch nicht erwarten, daß sie nach ihrem Arbeitstag noch zusätzlich den ganzen Haushalt allein macht. Hilft sie mir, Geld verdienen, muß ich ihr genauso helfen, den Haushalt zu schaffen.« Und deshalb ist es heute schon in den meisten jungen Ehen üblich geworden, daß der Ehemann Fenster putzt, Teppiche klopft, Staub saugt, gelegentlich kocht, beim Geschirrspülen hilft usw. Und wurde dann das erste Kind geboren und die Frau bleibt daheim, hilft er trotzdem weiter (weil er seine Frau gern hat) und hilft sogar bei der Versorgung des Babys.

Früher hätten Männer gesagt: »Das ist Frauenarbeit!« und die Buben: »Das ist Mädelarbeit!« Das hört man nun immer weniger. Ist es bei Euch in der Familie auch schon so?

Dazu fällt mir eine bezeichnende Geschichte ein: Als das neue Schulhaus bezogen wurde, führte der Rektor die Schüler durch alle Räume, um ihnen das ganze Haus zu zeigen. Dabei wurden die 8. und 9. Bubenklasse auch durch die Schulküche geführt, in der die Schülerinnen der obersten Klassen das Kochen erlernen sollten. Da fragten die Buben: Warum dürfen wir nicht auch kochen lernen?« Der Rektor war verblüfft: »Warum wollt ihr Buben kochen lernen?« — »Das kann man immer brauchen«, meinten einzelne. »Wenn wir eine Radtour machen, könnten wir unterwegs kochen, statt ins Wirtshaus gehen zu müssen. Damit können wir uns viel Geld sparen.« Ein anderer sagte: »Als meine Mutter im Krankenhaus war, hat uns mein Vater das Essen gekocht. Das kann uns — wenn wir einmal verheiratet sind — doch auch passieren!« Auf Wunsch der Schüler wurde an dieser Schule zum ersten Mal in der kleinen Stadt Kochunterricht auch für Buben eingerichtet. Die Kochlehrerin sagte zum Rektor: »Ich habe große Freude mit den Buben. Die entwickeln beim Kochen mehr Ehrgeiz als die Mädchen. Und beim Aufräumen, da sind sie piccobello!«

Bei einer späteren Befragung der Eltern dieser Buben, haben Mütter und Väter freudig berichtet, daß alle aus diesem Kochkurs schon mehrmals völlig selbständig am Sonntag das Familienmittagessen zubereitet hätten. Dabei wurde auch lobend erwähnt, daß die heutigen Buben im Haushalt mit zugreifen, ihr eigenes Zimmer in Ordnung halten, lüften, abstauben, das Bett in Ordnung bringen und einige putzten sogar den Boden eigenhändig sauber.

Ein Vater sagte: »Heutige Buben haben begriffen, daß die Arbeit schneller und lustiger geschafft wird, wenn alle zusammenhelfen. Dann kann man viel früher etwas Gemeinsames unternehmen (zum Baden fahren, in den Tierpark gehen, einen Ausflug machen) und außerdem macht dann die Mutter fröhlicher mit, weil sie nicht so abgearbeitet und müde ist, als wenn man ihr die Hausarbeit allein überlassen hätte.

Buben und Mädchen wollen sich gar nicht mehr so grundlegend unterscheiden, wie früher. Das sieht man zum Beispiel auch an der Frisur. Buben und Burschen lassen ihre Haare länger wachsen und die Mädchen tragen sie kürzer als früher. Also ist auch darin der Unterschied kleiner geworden.

Und wie ist es mit den Jeanshosen? Die tragen heute junge Mädchen so gern wie die Burschen. Gelegentlich passiert es mir, daß ich bei einem Paar junger Leute oft nicht so gleich erkennen kann, ob es sich um zwei Burschen oder um zwei junge Mädchen handelt. Beide haben Jeanshosen an, beide einen gleichen Pullover, beide eine ähnliche halblange Frisur und kommen mir im Gleichschritt entgegen. Schließlich sehe ich, es ist doch eine »sie« und ein »er«; offenbar legen aber beide keinen Wert darauf, das eigene Geschlecht besonders zu betonen.

3. Bedeutet »in die Entwicklung kommen« erwachsen werden?

Nein, das sind zwei verschiedene Entwicklungsvorgänge.

Die *Entwicklungszeit* liegt vor dem Erwachsenwerden und leitet das Erwachsenwerden ein. In die Entwicklung kommt jedes Mädchen und jeder Bub, ohne daß beide etwas dazu tun müssen. Es ist vorwiegend ein *körperliches* Ereignis: der Kinderkörper wandelt sich zur Gestalt des Erwachsenen um.

Dagegen ist das *Erwachsenwerden* eine *seelische* und *charakterliche* Haltungsentwicklung. Ein junges Mädchen und ein junger Bursch können äußerlich (vom Körper her) schon wie Erwachsene aussehen, aber sich innerlich (seelisch und charakterlich) noch wie kleine Kinder verhalten, schüchtern sein, keine eigene Meinung haben, sich nicht bemüht haben, selbständig zu werden und sich im Benehmen und Verhalten so umzustellen, wie das von einem Erwachsenen erwartet wird.

Der Beginn der Entwicklungszeit, die man auch »Pubertät« nennt, bedeutet zwar *das Ende der Kindheit*, aber nicht auch schon das tatsächliche *Erwachsenwerden*, wie wir noch deutlicher sehen werden.

Beim Mädchen setzt die Pubertät um ein oder zwei Jahre früher ein als beim Buben. Doch kann sich der Beginn — sowohl beim Mädchen wie Buben — um ein halbes, ein ganzes Jahr und selten auch um zwei Jahre verfrühen oder verspäten. Das ist durchaus noch im normalen Rahmen, da wir Menschen alle sehr verschieden (größer, kleiner, dicker oder dünner, lebhafter oder stiller usw.) sind.

In der Pubertät verändert sich die kindliche Gestalt äußerlich zum Bild des Erwachsenen. Das sollten Mädchen und Bub als Signal empfinden, nun damit anzufangen, sich auch innerlich zum Erwachsenen zu entwickeln.

Die Zeit zwischen Kindheit und Erwachsensein nennt man »Jugendzeit«. In diesem Zeitabschnitt nennt man ein Mädel eine Jugendliche, ein junges Mädchen, ein junges Fräulein, und einen Buben einen Jugendlichen, einen Burschen oder einen jungen Mann.

Nach dem geltenden Gesetz ist man bis zum 14. Jahr ein Kind, mit 18 Jahren ist man erwachsen, man darf wählen und hat die staatsbürgerlichen Rechte wie alle Erwachsenen. (Da in unserm Lande aber die Berufsaubildung sehr verschieden lang dauert, sind die jungen Erwachsenen noch zum größten Teil auf finanzielle Unterstützung durch ihre Eltern angewiesen, also noch nicht ganz unabhängig.)

Zu Beginn der Pubertät wachsen dem Mädchen am unteren Bauch (über der Scheide) auf einmal Haare. In der Familie fällt auf, daß das Mädchen in Größe und Gewicht zunimmt und gleichalte männliche Spielgefährten überholt. (Bis dahin waren die in der Regel um ein paar Zentimeter größer und auch etwas schwerer als es.) Wieder etwas später beginnt sich auch die weibliche Brust zu formen. Auf der bisher flachen Kinderbrust wölben sich zwei kleine Hügel, der »Busen«, wie ihn ja auch die Mutter hat. Das sind die sichtbaren Auswirkungen der Entwicklungszeit.

Die meisten Mädchen ändern im Verlauf dieser körperlichen Vorgänge sich auch im Verhalten und Benehmen. Sie werden sich wohl bewußt, daß sie nun keine Kinder mehr sind. Hat so ein Mädchen — wie ein guter Kamerad — mit Buben zusammen gespielt, so zieht es sich nun auf einmal von ihnen zurück. Es wird stiller, verkehrt nur noch mit Freundinnen, achtet mehr als bisher auf das, was Erwachsene tun, und richtet sich nach ihnen. Die früheren männlichen Freunde sagen dann spöttisch: »Die tut so, als ob sie plötzlich erwachsen geworden wäre. Ich weiß doch, sie ist nicht älter als ich!« Natürlich ist sie nicht mit einem Schlag erwachsen geworden, aber sie schickt sich nun an, eine »junge Dame« zu werden, wie eines Tages vielleicht der Vater feststellt. Sie schaut in Modegeschäfte, zieht sich sorgfältiger an, ändert oft auch die Frisur und sieht nun wirklich um einige Jahre älter aus als noch vor kurzem (und auch als die früheren Spielkameraden, die Buben im gleichen Alter). Sie pflegt nun auch ihre Fingernägel und sperrt — wenn sie sich wäscht, duscht oder badet — die Badezimmertür zu. Sie läßt sich nicht mehr nackt sehen.

Das sind nicht nur »blöde Faxen«. Das junge Mädchen ist ja wirklich kein Kind mehr. Ihr Busen ist schon äußerlich sichtbar. Und wenn sie der kleine Bruder oder ein früherer gleichalter Spielkamerad verspotten, rauft und prügelt sie sich nicht mehr mit ihnen (wie früher manchmal), sondern schaut sie nur stumm »von oben herab« an und denkt: »Die zwei sind halt immer noch Kinder geblieben!«, was die natürlich ärgert. Allerdings müssen beide mit der Zeit zugeben, daß die anfänglich Verspottete tatsächlich schon fast erwachsen aussieht und sich auch ganz anders benimmt als in der Zeit, in der sie noch mit ihnen spielte.

Sie stellt die Möbel in ihrem Zimmer um, hängt sich neue Bilder an die Wand, liest keine Mickimausheftchen (und andere Comics) mehr, sondern holt sich nur noch Erwachsenenbücher aus der Stadtbibliothek und — weil sie jetzt immer öfter an einen zukünftigen Beruf denkt — ist sie auch in der Schule fleißiger geworden und bemüht sich um gute Zensuren.

Die gleich alten Buben spielen weiterhin Fußball, gehen miteinander ins Schwimmbad, radeln viel herum, lesen Comics, schauen mit Vorliebe »Western« und »Krimis« im Fernsehen an und leben noch ein bis zwei Jahre weiter wie bisher.

Dann kommt auch für sie der Beginn der Pubertät. (Das geschieht wieder nicht bei allen gleichzeitig, auch wenn sie ungefähr gleichalt sind.) Bemerkt einer von ihnen, daß ihm um seinen Penis herum Haare wachsen, freut er sich darüber und ist vielleicht sogar darauf stolz, weil er weiß, daß das mit dem Erwachsenwerden irgendwie zusammenhängt. (Vielleicht sagt er es seinem besten Freund unter dem Siegel der absoluten Verschwiegenheit. Aber der behauptet, bei ihm hätte das schon ein Vierteljahr früher begonnen.) Dann schießt er plötzlich in die Höhe und wird in kurzer Zeit um 10 oder 20 cm größer, allerdings auch magerer, und überholt allmählich auch seine frühere Spielkameradin (die inzwischen schon ein hübsches Fräulein geworden ist) wieder in der Körperlänge. Er entdeckt, daß auch sein Glied und im Hodensack seine Hoden wachsen und größer werden, und seine Geschlechtsorgane werden weiterwachsen, bis sie in der Größe denen von einem erwachsenen Mann gleichen. Natürlich fühlt er sich dadurch noch ein weiteres Stück erwachsener. Nun fängt auch sein Kehlkopf an, sich zu vergrößern, und steht als sogenannter »Adamsapfel« aus seinem mageren Hals heraus und — dadurch bedingt — wird ihm der »Stimmbruch« beschert. Die helle Bubenstimme muß sich nun in die tiefe Stimme des Mannes wandeln. Das aber geht nicht ohne Übergangsschwierigkeiten vor sich. Ist er aufgeregt oder will er sich gegen einen Vorwurf verteidigen, so schnappt die Stimme plötzlich um: von der hohen Knabenstimme (etwas krächzend) in den Brummbaß und — ohne daß er das dirigieren oder verhindern könnte — wieder nach oben. Weil sich das sehr komisch anhört, lachen dann die Eltern, die Geschwister, die Freunde und in der Schule auch die Mitschüler und der Lehrer. Wollte er aber gerade etwas sehr wichtiges sagen und erntet nun nur Gelächter, so ist er begreiflicherweise beleidigt und manchmal sogar gekränkt. (Sollte Dir das auch einmal passieren, mein lieber Leser, so ist es das beste, Du lachst auch mit!)

»Bekommt das Mädchen keinen Stimmbruch?«, fragen hier die Buben. Mutter hat auch eine tiefere Stimme als ein Mädchen, aber keine so tiefe wie der Vater. Deshalb wächst beim Mädchen der Kehlkopf viel weniger als bei einem Buben, und es kommt auch nicht zu dem komischen Stimmbruch mit dem lästigen Umschnappen der Stimme.

Nach einiger Zeit hört beim Jungen dieses Umschnappen der Stimme wieder auf. Sein Kehlkopf ist ausgewachsen, steht auch nicht mehr so sehr aus seinem Hals heraus (weil auch der Hals dicker geworden ist). Mit verebbendem Längenwachstum wächst er nun auch in die Breite, und wenn er weiterhin Sport treibt und sich nicht vor jeder körperlichen Arbeit drückt, entwickelt er auch kräftige Muskeln. Schaut er nun einmal in den Spiegel, sieht er: »Jetzt bin ich auch kein Kind mehr!« Er ist äußerlich ein junger Mann geworden.

Wie das Mädchen nach abgeschlossener körperlicher Pubertät, ändert er sich nun auch innerlich. Er legt Wert auf sein Äußeres, kauft sich Hemden und Hosen nach eigenem Geschmack, fängt an, die Zeitung zu lesen, interessiert sich für Politik und Politiker (bald darf er ja wählen!). Er verschenkt seine Comics und kauft sich Sachbücher, die ihn über wichtige Bereiche seines zukünftigen Lebens informieren. Er diskutiert gern mit Gleichaltrigen und Älteren über alles Mögliche, um sich eine eigene Meinung zu erwerben, und wächst dadurch seinem inneren Erwachsenwerden entgegen.

Freilich werden in der Jugendzeit nicht alle Burschen automatisch ständig erwachsener. Allzu-Behütete und Allzu-Verwöhnte reifen nicht so zielsicher zu männlichem Benehmen und Verhalten. Sie achten nicht auf die Signale, die ihnen die Pubertät beschert, verlassen sich auf die Hilfe und Rat von Mutter und Vater und wagen keinerlei eigene Entscheidungen. Natürlich entwickeln sie dann kaum Selbständigkeit und bleiben neben ihren gleichalten Kameraden zurück. Die sagen bald (etwas verächtlich): »Der Hans ist schon noch recht kindisch!«

Um selbständig zu werden, soll man zwar den Rat der Eltern einholen, aber auch Altersgenossen befragen, auf den Lehrer und den Berufsberater hören, und — je älter man wird — sollte man immer öfter auch über eigene Entschlüsse mit anderen diskutieren und sie schließlich fassen, muß eigene Erfahrungen machen und seinen Weg ins Leben finden.

Freilich, all das verändert das augenblickliche äußere Leben der weiblichen und männlichen Jugendlichen nicht grundlegend. Sie müssen weiterhin die Schule besuchen (Hauptschüler nur noch wenige, Realschüler und Gymnasiasten noch mehrere Jahre). Für die Hauptschüler beginnt danach eine selbstgewählte Berufslehre (mit Berufsschulbesuch), und damit heißt es, sich neben erwachsenen Gesellen und Meistern zu bewähren. Aber ebenso für alle andern wird — wenn auch etwas später — die Entscheidung für ihr Berufsleben fällig. Auch das ist eine Voraussetzung für das Erwachsen-werden.

Und haben sich zu Beginn der Pubertät Mädchen und Buben auseinanderentwickelt und die Beziehungen zueinander fast abgebrochen (um nach ihrer individuellen Form in Haltung und Benehmen zu suchen und eigenen Interessen und Hobbies nachgehen zu können), so empfinden sie das zum Ende der Jugendzeit nicht mehr so reizvoll. Weibliche und männliche Jugendliche wünschen sich, suchen und finden — trotz beiderseitiger Schüchternheit — wieder Kontakt zum andern Geschlecht. Man kommt gern in gemischten Gruppen zusammen (Mädchen und Burschen), unterhält sich gern miteinander, und im Verkehr mit den »jungen Damen« legen sich auf einmal auch die »jungen Herrn« einen höflicheren und freundlicheren Umgangston zu (als sie normalerweise unter sich selbst pflegen), werden den Damen gegenüber sicherer und erwerben sich damit auch einen gewissen »gesellschaftlichen Schliff«. Man besucht einen gemeinsamen Tanzkurs, hört miteinander Schallplatten, wird zu Parties eingeladen, macht zusammen in wechselnden Gruppen Spaziergänge, Wanderungen, Berg- und Skitouren, geht miteinander baden, besucht sportliche Veranstaltungen, Konzerte, Ausstellungen, gelegentlich auch einen politischen Vortrag, eine Kino- oder Theateraufführung und diskutiert hinterher angeregt (manchmal auch heftig) über das Erlebte. Dabei bekommt man Einblick in sehr vielseitige Bereiche unseres Lebens, gewinnt ein persönliches Urteil über vieles, lernt sehen, wie verschieden die einzelnen Menschen empfinden und sich verhalten, und beginnt zu verstehen, was an manchen zunächst unverstehbar schien. Wer — allzu schnell — in eine isolierte »Zweierbindung« hineinrutscht, bringt sich selbst um diese sehr wichtigen Lebenserfahrungen.

4. Wie groß soll man eigentlich sein?

Das haben mich schon sehr viele Kinder gefragt und deshalb will ich dazu auch etwas sagen, obwohl das schwierig ist. Ich kenne sehr sehr viele Kinder, Jugendliche und Erwachsene und trotzdem ist eine befriedigende Antwort nicht leicht.

1. sind die Menschen bei uns und auf der ganzen übrigen Welt verschieden groß und
2. wachsen die einzelnen verschieden schnell und verschieden lang. Die Schnellwachsenden sind zunächst natürlich die Größeren, aber erreichen ihre endgültige Größe früher und wachsen nicht mehr weiter. Zum guten Schluß kann ein Langsamwachsender, der aber um Jahre länger an Größe zunimmt, den langjährigen Größten der Klasse übertreffen.
3. schießen manche Buben in der Pubertät ein großes Stück nach oben. Weil aber die Pubertät — wie Du aus dem vorausgegangenen Kapitel weißt — bei den verschiedenen Buben keineswegs im selben Zeitabschnitt eintritt, kann der eine für kurze Zeit Größter der Klasse sein und doch von anderen später wieder eingeholt werden.

Trotzdem das Großwerden sehr unterschiedlich verläuft, hat man oft zu einem jeweiligen Alter die Durchschnittsgröße errechnet. Man mißt möglichst viele Kinder eines gleichen Altersjahrgangs, zählt die Körpergrößen der Gemessenen zusammen und teilt die Summe durch die Zahl der Kinder. Das ergibt die Durchschnittsgröße des Jahresalters. Wenn Du an Deine Schulkameraden denkst, wirst Du wissen, daß nur wenige von ihnen die errechnete Durchschnittsgröße aufweisen werden, die allermeisten aber kleiner oder größer sind. Warum aber, magst Du Dir denken, errechnet man dann überhaupt eine solche Durchschnittsgröße? Auch das hat einen Sinn. Bei den jährlichen Messungen der in die Schule eintretenden Schüler und bei den Messungen der Schulklassen wurde festgestellt — zum allgemeinen Erstaunen — daß die Durchschnittsgröße gleich alter Kinder, Schüler, Jugendlicher und Erwachsener in den letzten 50 Jahren größer geworden ist. Das beweist, daß die Kinder, die Jugendlichen und Erwachsenen heute größer sind als im vorigen Jahrhundert.

Wahrscheinlich möchtest Du zu den Großen oder wenigstens zu den Größeren gehören. Es macht aber für Dein zukünftiges Leben kaum etwas aus, ob Du zu den Größeren oder Kleineren zählst. Wie Nachforschungen zeigten, waren und sind viele berühmte Leute klein und mittelgroß; allerdings gabs und gibt es auch eine Reihe Großgewachsener. Jedenfalls bestimmt die eigene Körpergröße allein nicht, ob Du berühmt und geschätzt werden wirst. Das wird von Deinem Benehmen, von Deiner Tüchtigkeit und von Deinen Erfolgen und Ergebnissen abhängen.

Solltest Du zum jetzigen Zeitpunkt zu den Kleinen gehören, so kann sich das noch sehr ändern. Vielleicht bist Du eine oder einer von denen, bei denen das Längenwachstum erst spät einsetzt und nur langsam zunimmt, dann ist durchaus möglich, daß Du den Klassengrößten später noch an Größe überholst, wenn er seine endgültige Körpergröße erreicht hat und nicht mehr weiterwächst.

Aber selbst, wenn Du einer von den Kleineren bleiben solltest, kann Dich das nicht hindern, ein tüchtiger und anerkannter Mensch zu werden. Wenn Du Deine Augen und Ohren aufsperrst, Dich überall umschaust innerhalb Deiner Umwelt, in der Schule gut mitarbeitest, Bücher liest, möglichst selbständig wirst und darüber nachdenkst, was Du an andern siehst, wirst Du nicht hinter Größergewordenen zurückstehen müssen. Ich habe vielfach beobachtet, daß Kleinere oft mutiger und zäher sind und mehr leisten als Größere. Natürlich gibt es auch mutige und tüchtige Großgewachsene.

Jedenfalls ist Kleinsein kein Schaden, genausowenig wie Großsein kein Vorzug ist. Der Wert eines Schülers und eines Erwachsenen hängt immer vor allem davon ab, wie er arbeitet, was er leistet, wie er sich benimmt und verhält und wie er mit seinen Kameraden und seinen Mitmenschen umgeht und auskommt.

Vergleicht man Größe und Gewicht von Mädchen und Buben, so zeigt sich, daß schon bei der Geburt in der Regel die Buben etwas länger und schwerer sind als die Mädchen. Der anfängliche Unterschied bleibt gewöhnlich bis zum 10. Lebensjahr bestehen. Gewöhnlich holen dann die Mädchen auf, werden größer und schwerer als die gleichalten Buben. Mit dem

Wer, meinst Du, ist von den Fünfen der Älteste?

Die drei Buben und die zwei Mädchen sind alle 14 Jahre alt.

15. Lebensjahr nehmen die Buben wieder an Größe und Gewicht zu, überholen die altersgleichen Mädchen wieder und bleiben als Mann im Durchschnitt einige Zentimeter größer als die Frau.

In den letzten 50 Jahren hat sich im Hinblick auf den Wachstumsverlauf viel geändert.

Früher wuchsen die Kinder wesentlich langsamer heran als heute und waren erst mit 21 oder 22 Jahren ausgewachsen. Dagegen erreichen junge Mädchen und Burschen ihre endgültige Größe heute schon um 3—4 Jahre früher.

Als man entdeckte, daß Kinder und Jugendliche größer werden als ihre Eltern und zudem schneller wuchsen, glaubte man, daß das beschleunigte Wachstum die geistige Entwicklung verzögere. Heute weiß man, daß diese Annahme nicht stimmte. Freilich ergibt sich für Jugendliche, die nicht selten mit 16 oder 17 Jahren schon größer als Mutter und Vater sind eine Schwierigkeit. Sie halten sich oft schon für völlig erwachsen, wollen

Messungen 1910					**Messungen 1957**				
Lebensjahr	Mädchen cm	Mädchen kg	Knaben cm	Knaben kg	Mädchen cm	Mädchen kg	Knaben cm	Knaben kg	Lebensjahr
Geburt	49	2,9	50	3,2	50	4,1	51	4,3	Geburt
1.	73	9,0	74	10,0	74	9,8	75	10,7	1.
2.	84	12,0	85	13,0	86	12,3	87	12,7	2.
3.	91	13,5	92	15,0	95	14,1	96	14,5	3.
4.	99	15,0	100	16,0	103	15,8	104	16,6	4.
5.	105	16,5	106	17,0	109	17,6	110	18,4	5.
6.	111	18,0	112	19,0	115	20,0	116	20,6	6.
8.	121	23,0	122	23,0	125	24,5	126	25,0	8.
10.	131	28,0	132	28,0	135	29,0	136	30,0	10.
12.	141	34,0	140	32,0	145	35,5	144	35,0	12.
14.	151	42,0	149	39,0	156	45,0	154	42,0	14.
16.	155	49,0	160	50,0	163	52,5	168	54,5	16.
18.	157	51,0	167	57,0	165	56,0	175	65,0	18.

1910 wuchs man langsamer
und blieb kleiner als heute.
Erwachsene wurden so groß wie
ihre Eltern

1957 wuchs man schneller
und wurde größer.
Viele Kinder wachsen den Eltern
heute über den Kopf

sich nicht mehr von den Eltern befehlen und raten lassen. Als Kind übernahmen sie Arbeiten (keineswegs immer gern), die ihnen die Eltern auftrugen. Die großgewordenen Töchter und Söhne aber schätzen es nicht mehr, wenn ihnen ein Auftrag zugeschoben wird. Sie finden, sie seien über das »Folgenmüssen« hinausgewachsen. Und ich muß ihnen das bestätigen. Allerdings meine ich, sollten sie dann selber sehen, wo eine Arbeit erledigt werden muß und sollten nicht erst darauf warten, bis sie einer bittet oder ihnen einen Auftrag erteilt. Mehr möchte ich nicht sagen. Du bist im Alter, wo man mit selbständigem Zugreifen schon anfangen kann.

5. Woher kommen die kleinen Kinder?

Ich war dabei, als meine kleine Tochter mit etwa 4 Jahren fragte: »Woher bin ich denn gekommen?« »Du bist in meinem Bauch gewachsen«, antwortete meine Frau. »Und woher ist der Papa?« »Der Papa kommt aus dem Bauch von seiner Mama«. »Und Du Mama?« »Ich komme aus dem Bauch von meiner Mama«. Dann dachte unsere Vierjährige lange nach und fragte plötzlich sehr leise: »Und woher kommt der Briefträger?« »Der kommt aus dem Bauch von seiner Mutter«. Nach einer weiteren Nachdenkpause sagte unsere Kleine mehr zu sich als zu uns: »Dann kommen alle aus ihrer Mama« und baute dann mit ihren Bauklötzchen den angefangenen Turm weiter.

Das weißt Du auch schon lange, aber Du möchtest dazu noch genauere Auskünfte.

Aus dem ersten Kapitel weißt Du bereits, daß bei den Frauen und Mädchen die Geschlechtsorgane im Innern des Bauches sind. Dazu gehört eine etwa birnengroße Höhle, die ganz weich ausgepolstert ist. Diese kleine Höhle heißt »Gebärmutter«.

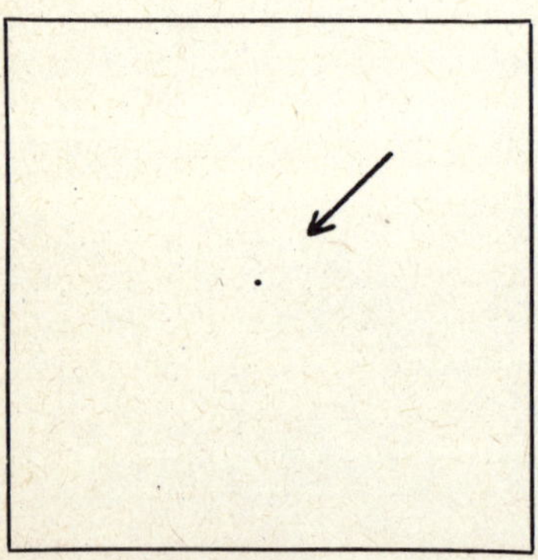

Das menschliche Ei in natürlicher Größe

In sie hinein kommt alle vier Wochen ein kleines Ei. Das ist winzig klein. So klein, wie ein Stich von einer ganz spitzen Nadel oder so klein wie ein Punkt, den man gerade noch mit freiem Auge sehen kann. Er ist nur ein Zehntel Millimeter groß, so groß wie auf der nebenstehenden Abbildung.

Es dauert neun Monate, bis aus diesem Pünktchen ein ausgewachsenes Baby von etwa 50 cm Körperlänge in der Gebärmutter herangewachsen ist. Und weil das immer größer werdende Baby in der nur birnengroßen Gebärmutter nicht mehr Platz haben würde, wächst die Gebärmutter ständig mit, so daß sich das Baby darin sogar bewegen und strampeln kann.

Du denkst: »Kann denn das Baby wachsen, wenn es nichts zu essen bekommt?« Natürlich muß es, daß es wachsen kann, auch im Leib der Mutter mit Nahrung versorgt werden. Ehe ich Dir erklären kann, wie das möglich ist, muß ich zuerst von *unsere*r Ernährung etwas erzählen, das Du vielleicht noch nicht weißt.

Wenn Du z. B. ein Brot ißt, steckst Du es in den Mund, beißt ein Stückchen ab und kaust es ganz klein. Dabei kommt eine Portion Speichel dazu, bis Du einen dünnflüssigen Brei im Mund hast. Den schluckst Du. Er rutscht durch die Speiseröhre in den Magen.
Der Magen bewegt sich und mischt dem geschluckten Brei noch Säfte hinzu. Dabei verändert sich die geschluckte Nahrung und bekommt auch eine andere Farbe. Vielleicht hast Du Dich schon einmal erbrechen müssen und warst erstaunt, wie das Schinkenbrot, das Du Dir vor einer Viertelstunde einverleibt hattest, nun so ganz anders aussieht und vor allem auch riecht. Das muß so geschehen und man nennt diese Veränderung »Verdauung«.
Durch die Verdauung wird alles, was Du gegessen hast, noch mehr zerkleinert und zerrieben, und durch die dazugekommenen Säfte chemisch so verändert, daß alles in Flüssigkeit löslich wird. Nun öffnet sich der Magen am anderen Ende und der umgewandelte Brei läuft in den Darm. (Sicherlich hast Du es schon manchmal »kullern« gehört.) Der Darm ist ein neunmal so langer Schlauch wie Dein Körper mit Kopf, aber ohne Beine. Er saugt nun aus dem Nahrungsbrei heraus, was Dein Körper zum Aufbau, zu seiner Beheizung und für Deine Kraft- und Denkleistungen braucht. Was nicht brauchbar dafür ist, wird durch den After ausgeschieden.
Das Herausgesaugte aber wird vom Blut aufgenommen und das wird durch das Herz in die Adern gepumpt. Und dadurch kommt alles, was davon irgendwo im Körper gebraucht wird, an die rich-

tige Stelle. Zum Beispiel gelangen die Stoffe in die Kopfhaut, die die Haare für ihr Wachstum benötigen. Zu den Muskeln wird gebracht, was sie für ihre Kraftleistungen brauchen. In der Entwicklungszeit muß besonders den Knochen vieles zugeführt werden, daß sie dicker und länger wachsen können. Das Blut kommt in Deinem Körper überall hin und versorgt sämtliche Organe mit dem Nötigen.

Nun können wir uns wieder dem wachsenden Baby im Mutterleib zuwenden. Um wachsen zu können, muß es auch Nahrung zu sich nehmen. Aber es hat noch keine Zähne, kann noch nicht schlucken, weil ja zunächst der Körper noch nicht so fertig ausgebildet ist, wie bei Dir. Das wird erst während der neun Monate vor der Geburt geschehen.

Und doch ist dafür vorgesorgt, daß es — obwohl es nicht essen, nicht schlucken und noch nicht verdauen kann — nicht verhungern und nicht sterben muß. Dem werdenden Baby im Mutterleib wird gleich »verdaute Nahrung« geliefert. Im Innern der Gebärmutter läuft durch ein kleines Schläuchlein ein Teil des mütterlichen Blutes (das auch die verdaute Nahrung der Mutter enthält) zum wachsenden Kindchen in ihrem Leib. So bringt dieses Blut dem Baby all das, was es zu seinem Wachstum und zu seiner Entwicklung bedarf.

Ja noch mehr: Da das Baby im Mutterleib zwar auch schon Luft (Sauerstoff) zum Atmen braucht, aber noch nicht atmen kann, wird ihm im mütterlichen Blut neben der Nahrung auch der benötigte Sauerstoff mitgeliefert.

An Deinem kleinen Bauch kannst Du heute noch sehen, wo das Schläuchlein, das Dich im mütterlichen Blut mit Nahrung und Atemluft versorgte, in Dich hineinführte: am Nabel. Deshalb wird das Schläuchelchen, weil es im Nabel in Deinen damals kleinen Körper hineinführte, »Nabelschnur« genannt. Du hörst später noch mehr von ihr.

Dich interessiert jetzt: »Woher kommen die kleinen Eier, aus denen dann das Baby heranwächst?« In der Nähe der Gebärmutter liegen zwei kleine Kugeln. Sie heißen »Eierstöcke«. (Im 1. Kapitel war schon einmal von ihnen die Rede.) Alle Monate verläßt in der Regel ein Ei einen der Eierstöcke und macht sich auf den Weg zur Gebärmutter. Es möchte gern ein Kindlein werden. Aber es wird nur eins, wenn es das findet, was es sucht. Nur wenn es das findet, macht es sich ein Nest in die zarte Haut der Gebärmutter und nur dann bildet sich die Nabelschnur und nur dann beginnt es zu wachsen, neun Monate lang. Die Zeit, in der das Kind im Mutterleib seiner Geburt entgegenwächst, nennt man »Schwangerschaft«.

Je größer das Kind in Mutters Bauch wird, desto dicker wird auch die Mutter. Schon nach einigen Monaten sieht man, daß sie ein Kind erwartet. Man sagt dann: »Die Frau ist schwanger« oder: »sie ist guter Hoffnung«; das heißt: sie wird ein Kind bekommen, sie wird Mutter werden.

Auf eine schwangere Frau nehmen alle netten Menschen Rücksicht. In Geschäften bedient man sie sofort und läßt sie nicht lange warten, weil man weiß, daß sie sehr leicht müde wird und sie langes Stehen sehr anstrengt. Selbstverständlich bietet man ihr auch in der Straßenbahn sofort den Sitzplatz an. Man macht ihr die Haustür auf, wenn man gerade dazu kommt, und trägt ihr ihre Einkaufstasche über die Treppe hoch. Jedenfalls verhalten sich alle netten Menschen (auch nette Jugendliche und sogar schon nette Kinder) einer schwangeren Frau gegenüber hilfreich.

Wenn Du bis hierher gelesen hast, könntest Du einmal überlegen, ob in Eurem Wohnhaus oder in der nächsten Nachbarschaft vielleicht eine schwangere Frau lebt. Du kannst ja auch Deine Mutter fragen. (Kinder können nicht so leicht unterscheiden, ob es sich um eine schwangere oder um eine nur dicke Frau handelt. Erwachsene können das besser und sicherer).

Ganz besonders einfühlend und hilfsbereit mußt Du Dich natürlich verhalten, wenn Deine eigene Mutter ein Kindlein erwarten sollte. Du wirst ihr dann selbstverständlich noch sehr viel mehr als einer Frau in Deiner Nachbarschaft bei allen möglichen Arbeiten beispringen und helfen, und gar manche Arbeit ganz übernehmen usw. Selbstverständlich wirst Du Dich darüber hinaus sicher noch sehr bemühen, alles zu vermeiden, was sie ärgern oder aufregen könnte. Da wäre es schon besser zu empfehlen, nachzudenken, womit man ihr eine kleine Freude machen könnte.

Er hilft gern, weil er weiß, daß seiner Mutter alles beschwerlicher fällt.

Jedenfalls würde Deine Mutter ein solches verständi- Benehmen mit großer Dankbarkeit bemerken, stolz auf Dich sein, denn sie erkennt aus all dem, daß Du Achtung hast vor dem großen Wunder, das sich in Deiner Mutter vollzieht. Es ist wirklich ein Wunder, ein großes Wunder!

Solltest Du einmal sehen, daß eine oder einer Deiner Spiel- oder Schulkameraden häßliche Bemerkungen über eine schwangere Frau macht, so sag ihr oder ihm doch — was sie oder er wahrscheinlich nicht bedacht hat —, daß auch sie oder er sein Leben der Schwangerschaft seiner eigenen Mutter verdankt. Vielleicht hilft ihr oder ihm das dann zu mehr Verständnis und Einfühlung.

6. Wo kommen die Kinder aus dem Bauch heraus?

Wenn das Baby in den neun Monaten in der mütterlichen Gebärmutter ausgewachsen ist, wird es geboren, es kommt auf die Welt, wie man auch sagt, und hat dann seine warme, weiche Höhle im Leib der Mutter verlassen.

Da heutzutage die meisten Mütter zur Geburt ihres Babys in ein Krankenhaus gehen, nehmen manche Kinder an, die Mutter müsse operiert, d. h. aufgeschnitten werden, um das kleine Kind herausholen zu können. Und wenn die Mutter anschließend noch eine Woche im Krankenhaus verbleibt, denken sie: »Jetzt muß der Schnitt wieder zuheilen.« Wie Du ein paar Seiten später lesen wirst, stimmt das nicht.

Ins Krankenhaus geht die Mutter, weil sie dort die nötige Pflege und Ruhe vor und nach der Geburt hat und gut ausgebildete Leute vorfindet, die ihr helfen, ihr Baby gesund zur Welt zu bringen. Sie braucht sich nicht ums Essen zu kümmern, muß nicht aufräumen, nicht einkaufen, nicht ständig an die Kinder denken, daß sie ihre Schulaufgaben machen, die Flötenstunde nicht vergessen usw. Bliebe sie zu Hause, würde sie ständig gefragt: »Mutter ich finde meine Farbstifte nicht« — »Mutter, wo sind meine Turnschuhe?« — »Mutter kannst Du mir nicht bei den Rechnungen helfen?«, und so ginge es den ganzen Tag weiter. Eine Geburt ist für die Mutter anstrengend, und deshalb hat sie Ruhe vor, und vor allem nach der Geburt sehr nötig.

Ehe ich Dir nun erzählen kann, wie und wo das Baby aus dem Mutterleib herauskommt, wollen wir uns erst noch ein paar Zeichnungen anschauen, die Dir zum besseren Verständnis verhelfen.

Du siehst sicher sofort, daß es sich links um einen männlichen und rechts um einen weiblichen Körper handelt. Außerdem bemerkst Du auf den ersten Blick, daß im weiblichen Unterkörper mehr zu sehen ist als bei dem des Mannes.

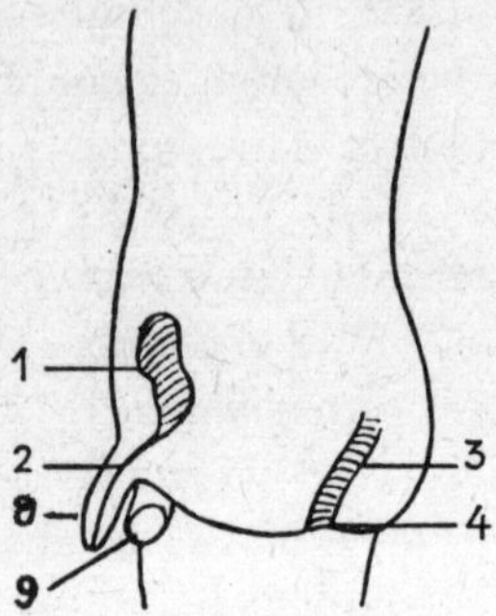

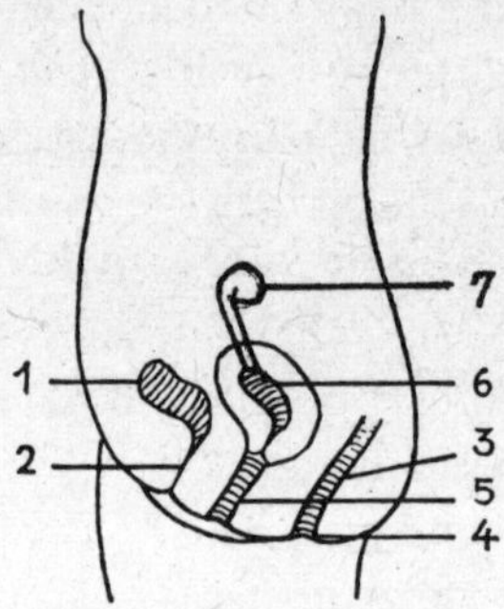

Mann/Bub

Frau/Mädchen

Mann und Frau haben gemeinsam:

1 die Harnblase. In ihr sammelt sich tröpfchenweise die Flüssigkeit, die unser Körper loswerden will. Sie heißt »Harn« oder »Urin«. Ein Muskel hält die Harnblase geschlossen, kann sie aber öffnen, wenn wir den Urin ausfließen lassen wollen.
2 Der Strich auf der Zeichnung ist ein dünnes Röhrchen, durch das der Urin ausfließt, es heißt »Harnröhre«.
3 zeigt das letzte Stück des Darms, in dem sich das ansammelt, was von unserer Nahrung nicht verwendet werden konnte (Kot).
4 der After. Auch er kann durch einen Muskel geschlossen gehalten oder geöffnet werden.

Die Frau (und das Mädchen) hat allein:

5 die Scheide, die ins Innere führt.
6 die Gebärmutter, durch ein dünnes Röhrchen mit der Scheide verbunden.
7 die beiden Eierstöcke (nur einer zu sehen), durch zwei dünne Schläuchlein mit der Gebärmutter verbunden.

Der Mann (und Bub) hat allein:

8 das Glied (Penis), durch das bei ihm die Harnröhre hindurchführt.
9 den Hodensack mit den zwei Hoden (nur einer zu sehen).

Du kannst jetzt auf der Zeichnung nochmals ganz genau verfolgen, wie es zu einer Schwangerschaft kommt. Ein Ei verläßt den Eierstock und wandert der Gebärmutter zu. Kommt es zu einer Verbindung mit der Samenzelle (darüber hörst Du auf späteren Seiten), so siedelt es sich in der Gebärmutter an, wird durch die Nabelschnur ernährt und wächst und wächst der Geburt entgegen.

Um zu erfahren, wie und wo das fertige Baby den Mutterleib verlassen kann, mußt Du Dir nun die folgende Zeichnung genau anschauen. Sie stellt eine schwangere Frau kurz vor der Geburt dar. Wenn der Bauch nicht aufgeschnitten wird, wie ich Dir bereits versichert habe, muß es doch einen Ausgang geben.

Du siehst das Baby in der stark vergrößerten Gebärmutter mit dem Kopf nach unten liegen. Genau unter dem Kopf bemerkst Du einen senkrechten Strich, der zur Scheide führt.

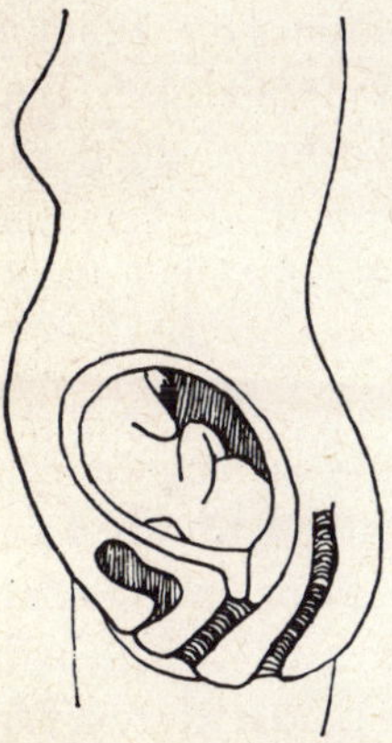

Das ist ein ganz dünner Verbindungsgang (er heißt »Gebärmutterhals«). Aber der scheint Dir zu dünn, als daß dadurch das Baby ins Freie schlüpfen könnte. Die Harnröhre führt nur in die Harnblase, die keine Verbindung zur Gebärmutter hat, und der After ist das Ende des Darms. Also bleibt doch nur das dünne Röhrchen, das Gebärmutter und Scheide verbindet.

Und damit hast Du tatsächlich den Geburtsweg entdeckt. Bei der Geburt dehnt sich der Gebärmutterhals im Verlauf einer oder ein paar Stunden wie Gummi und wird weiter und weiter, bis der Kopf des Babys durchrutschen kann. Dann dehnt sich auch die Scheide, und im Verlauf der Geburt zieht sich die Gebärmutter immer mehr zusammen und drückt das Baby mit dem Kopf voran durch die Scheide. Zuerst wird der Kopf sichtbar, dann kommen die Schultern mit den Armen und darauf rutscht das ganze Baby nach.

Nach der Geburt sind alle beteiligten Organe der Mutter sehr ausgedehnt. Im Verlauf des »Wochenbetts« (das sind die Tage, die sie nach der Geburt noch im Bett bleibt) zieht sich alles allmählich wieder zusammen. Die Gebärmutter wird wieder klein. Der Gebärmutterhals und die Scheide werden wieder eng. Der dicke Bauch wird wieder schlank, und die Mutter sieht schließlich wieder so aus wie vor der Schwangerschaft.

Aber das reguliert sich nur, wenn die Mutter nach der Geburt noch einige Tage im Bett bleibt und völlige Ruhe hat. Du verstehst nun, warum heute die allermeisten Frauen ins Krankenhaus gehen. Da werden auch sie einmal bedient und gepflegt, so wie das sonst die Frauen immer für den Mann und die Kinder tun. Trotzdem gibt es noch Mütter, die zuhause bleiben und ihre Kinder daheim gebären. Hoffentlich sind einige nette Menschen und Kinder in der Wohnung, die dafür sorgen, daß die Mutter Ruhe hat und mit allem versehen wird, was sie braucht.

Nun noch etwas über das Baby. Wenn es geboren ist, sieht es zunächst etwas mitgenommen aus. Es hat ja längere Zeit in dem engen Rohr gesteckt, wurde von hinten nach vorn gedrückt und mußte vor sich immer erst alles ausdehnen, so daß es Zentimeter um Zentimeter vorrücken konnte. Gleich nach der Geburt ist es deshalb rot und sehr müde. Am nächsten Tag wird es schon wesentlich netter und liebenswerter aussehen.

Natürlich wird sofort festgestellt, ob man ein liebes Mädchen oder einen strammen Buben geschenkt bekam. Das weiß man erst nach der Geburt.

Wenn das Kind aus dem Mutterleib herausgekommen ist,

hängt es noch mit der »Nabelschnur« an seiner Mutter. (Du erinnerst Dich, was Du über die Nabelschnur im vorigen Kapitel erfahren hast. Die Hebamme oder der Doktor, die bei der Geburt dabei waren, binden die Nabelschnur an zwei Stellen dicht beim Bauch des Babys ab. Nun kann das mütterliche Blut nicht mehr durchfließen. Das Kind bekommt auf einmal keine Luft mehr. Es schreit aus Atemnot, und dadurch kommt die Lunge in Gang, und dadurch fängt das kleine, hilflose Wesen selbst zu atmen an. Vater und Mutter freuen sich sehr über diesen ersten Schrei, denn nun wissen sie: »Unser Kindchen lebt!« Dann wird die Nabelschnur zwischen den beiden abgebundenen Stellen durchgeschnitten. Damit ist die Verbindung zwischen Mutter und Kind gelöst. Jetzt erst ist das Baby auf sich gestellt und ein eigenes Wesen geworden. Es ist nun von seiner Mutter abgebunden, abgeschnitten.

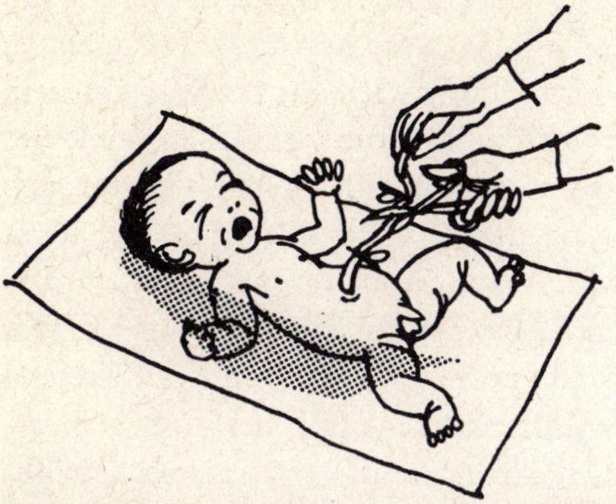

Und weil es erst jetzt ganz von seiner Mutter getrennt ist, wird von der »Entbindung« gesprochen. Oft wird überhaupt statt Geburt Entbindung gesagt, obwohl genau genommen die Entbindung erst kurze Zeit nach der eigentlichen Geburt erfolgt. Allerdings — und das ist auch richtig — wird erst durch das Durchtrennen der Nabelschnur die Geburt zur vollendeten Tatsache.

Aus dem Nabel steht dann noch ein Stückchen der restlichen Nabelschnur heraus. Man wickelt eine Binde darum, um die kleine Wunde vor Verunreinigungen zu schützen. Schon nach 4 bis 5 Tagen schrumpft und trocknet das Restchen ein und fällt ab. Zur Erinnerung an Schwangerschaft und Geburt bleibt uns nur das kleine Bauchknöpfchen, unser Nabel, zurück. Wenn Du das nächste Mal in der Badewanne sitzt, schau ihn Dir an, wasch ihn sauber und denk an das, was Du heute erfahren hast.

Nach der Geburt und Entbindung wird das Baby gewaschen, in Windeln gewickelt, mit Hemdchen und Jäckchen bekleidet und in den »Stubenwagen« oder gleich in ein »Gitterbettchen« gelegt und warm zugedeckt. Vom Mutterleib her ist es an Wärme sehr gewöhnt.

Und weil Du klug bist, überlegst Du vielleicht: »Aber was wird aus der übrigen Nabelschnur?« Kurz nach der Geburt löst sich der sogenannte »Mutterkuchen« (mit der Nabelschnur) von der Innenwand der Gebärmutter ab. In ihm wurde während der Schwangerschaft dem wachsenden Baby Atemluft (Sauerstoff) und Nahrung vermittelt. Da nun das Kind selbst atmet und von der Mutter gefüttert wird, ist der Mutterkuchen unnötig geworden und wird auf dem Geburtsweg hinausgedrängt. Man nennt diesen Vorgang »Nachgeburt«.

Natürlich braucht das neugeborene Baby noch viel hingebende Pflege. Es kann sich selbst noch kaum bewegen. Obwohl es Augen und Ohren hat, kann es zuerst noch nicht richtig sehen oder hören. Es muß regelmäßig gefüttert und trockengelegt werden, wird jeden Tag einmal gebadet, aber bald erkennt es seine Mutter und schaut sie unverwandt an. Nach einiger Zeit kann es das Köpfchen drehen und danach auch heben und tut das immer, wenn jemand an das Bettchen tritt.

Es lohnt sich, so ein kleines Kindchen anzuschauen. Es hat winzige Händchen und an jedem Finger einen ganz winzig kleinen Fingernagel. Dabei ist seine ganze Hand nicht größer als Vaters Daumen. Man muß wirklich staunen: alles ist da, nur eben viel, viel kleiner als bei uns Großen.

Ich wünschte Dir, Du könntest ein kleines Geschwisterchen neben Dir aufwachsen sehen. Du könntest Dir dann beim Zuschauen ein Bild machen, wie klein auch Du einmal angefangen hast und wieviel Betreuung nötig war, Dich so groß zu kriegen, wie Du bist, und Dir Deine Geschicklichkeit, Dein Können und Wissen beizubringen! Für mich als Vater war es bei jedem meiner Kinder immer ein unfaßbares Wunder, was ich da an Entwicklung miterleben konnte. Dabei kann man nicht beobachten, was im Mutterleib vor sich gegangen war. Denk einmal darüber nach: Das mütterliche Ei ist nur ein zehntel Millimeer groß. Daraus ist in den neun Monaten Schwangerschaft ein Baby von 50 cm Länge herangewachsen. Nun wollen wir einmal rechnen: 50 cm sind 500 mm oder 5000 zehntel Millimeter. Das neugeborene Baby ist also 5000mal größer geworden, als es als Ei zu Anfang war. Und das in neun Monaten! Ist das nicht schon allein ein ganz außerordentliches Wunder! Es ist nur gut, daß wir nach der Geburt nicht im gleichen Ausmaß weiterwachsen. Da kämen unsere Eltern mit dem Kleiderkaufen gar nicht mehr nach. Du kannst ja einmal nachrechnen, wie groß Du jetzt wärst, wenn Du weiterhin alle neun Monate 5000mal größer geworden wärst. Hol Dir Papier und Bleistift und fang an zu rechnen! Du wirst staunen. In Deinem Alter hättest Du den Kopf schon in den Wolken!

7. Was heißt stillen?

Wenn das Baby zur Welt gekommen ist, wird — so hast Du im vorausgegangenen Kapitel erfahren — die Nabelschnur durchtrennt: es wird entbunden. Damit wird die Zufuhr von Atemluft und Nahrung gestoppt. Du weißt bereits, daß das Neugeborene mit seinem ersten Schrei nach Atemluft ringt und von da an seine Lungen zu arbeiten beginnen wie bei Dir und mir. Das Kind pumpt sich nun seine Luft selbst in die Lunge. Es atmet selbst. Fürs erste ist es zufrieden und schläft nach den Anstrengungen der Geburt bald friedlich ein. Es fühlt sich in seinem Bettchen warm und gut geborgen.

Erwacht es nach einigen Stunden, so fühlt es sich auf einmal nicht mehr wohl. Sein Wohlbehagen ist gestört. Es weiß natürlich nicht, was eigentlich stört. Es spürt nur ein gewisses neues Unbehagen, das ihm völlig fremd und unbegreiflich ist, und es beginnt deshalb zu weinen oder auch zu schreien. Wir wissen, was dieses Unbehagen bewirkt: es hat Hunger.

Nun muß es lernen, Nahrung durch den Mund aufzunehmen. Da es aber noch keine Zähne hat, nicht kauen kann, kann es nur flüssige Nahrung zu sich nehmen. Die kleinen Lippen müssen saugen. Es muß schlucken. Der kleine Magen muß das Geschluckte verdauen und dann muß sich der Darm das herausholen, was das Baby zum Weiterwachsen und zu seinem Weiterleben braucht. Aber was soll man dem Baby da geben. Die Flüssigkeit, die es braucht, muß doch sehr nahrhaft sein, wenn das Baby gut gedeihen soll. Von der Natur her ist da schon ausgezeichnet vorgesorgt.

Du weißt, daß die Brust der Frauen anders ist als die der Männer und Buben. Die Männerbrust ist flach. Dagegen sind auf der Frauenbrust zwei kleine Hügel, so daß sich die Bluse oder das Kleid darüber wölbt.

Schon während der Schwangerschaft haben sich die beiden Brüste der Mutter verändert. Sie wurden größer und sind ganz prall geworden. In den beiden Brüsten sind Drüsen, die Milch erzeugen. Diese Milch — Muttermilch genannt — enthält alles, was das Kind braucht, um satt zu werden. Sie enthält außerdem Aufbaustoffe, die es ermöglichen, daß das Neugeborene weiterwächst. Und drittens sind in der Muttermilch noch eine ganze Reihe von Abwehrstoffen enthalten, so daß ein gestilltes Baby vor verschiedenen Krankheiten besser geschützt ist als ein Baby, das am Anfang nicht mit Muttermilch ernährt wird.

Wenn nun das Baby zum erstenmal nach der Geburt seinen Hunger durch Schreien anmeldet, weiß die Mutter sofort, was los ist. Sie braucht nicht in die Küche zu gehen und eine Flasche zurechtzumachen, sondern knöpft nur ihr Hemd auf, nimmt das Baby aus dem Bettchen und legt es an eine ihrer nackten Brüste. Sie steckt ihm die Brustwarze ins kleine Mündchen.

Und so ungeschickt und unbelehrt sonst ein so kleines Baby noch ist, hier versteht es sofort, was es soll. Es fängt an zu saugen und saugt sich so viel Milch heraus, bis es satt und zufrieden ist, weil das unangenehme Hungergefühl wieder verschwand. Das dauert eine ganze Weile, denn es muß dazwischen auch mal wieder eine Pause machen, weil das kräftige Saugen anstrengend ist.

Die Mutter behält es noch eine Zeitlang im Arm und wartet, bis das Kleine aufstößt (ein Bäuerlein macht). In seinem Eifer hat das Baby nämlich beim Trinken auch Luft mitgeschluckt, die beim Aufstoßen wieder herauskommt. Dann legt sie es trocken und bettet es wieder sorgfältig und warm ein. Meistens schläft es sehr rasch wieder ein, denn das Saugen und Schlucken hat es müde gemacht.

Weil es dann nicht mehr schreit, weil es durch das Trinken an der Brust »still« geworden ist, nennt man das Nähren an der Mutterbrust »stillen«. Wahrscheinlich hat Dich Deine Mutter nach der Geburt auch eine Zeitlang gestillt. Die allermeisten Mütter stillen ihr Baby 6 bis 8 Wochen. Danach gibt man Kuhmilch, später auch Obst- und Gemüsesäftchen aus einer Flasche.

Weil kleine Kinder noch nicht essen, sondern nur saugen können, nennt man sie »Säuglinge«. Auch Du warst also zu Beginn Deines Lebens ein Säugling. Wenn sie später mit einem Löffel gefüttert werden oder selbst ihr Schüsselchen auslöffeln, sind sie keine Säuglinge mehr.

Beim Trinken an der Mutterbrust stillt das Neugeborene aber nicht nur sein Nahrungsbedürfnis. Neben dem körperlichen Hunger stillt das hilflose Wesen auch seinen Hunger nach Geborgenheit bei der Mutter, nach Mutters Wärme und nach ihrer Zärtlichkeit. Beim Stillen fühlt es sich eins mit der Mutter. Und in diesem sich wiederholenden »Eins-Sein« wendet es sich der Mutter zu und verliert seine Angst vor der neuen, noch unbekannten Welt. Es erlebt immer wieder, wie liebevoll gespendet wird, und so sieht es in der Mutter eine »gute Fee«, die alles Unbehagen vertreibt, der man vertrauen kann und bei der man immer gut aufgehoben ist. Später wird dieses Vertrauen auch auf den Vater und die übrigen Familienmitglieder erweitert. Somit wird beim Stillen der Grund gelegt, daß das Kind später Mitmenschen vertraut und froh und freundlich werden kann. Die enge Bindung an die Mutter, die beim Stillen entsteht, ist meistens über das ganze Leben hin haltbar.

In Mutters Leib sind wir alle herangewachsen. Nach der Geburt stillte sie uns. Ohne ihre Pflege wären wir schon kurz nach der Geburt wieder gestorben. Die Mutter hat sich — schon als wir noch Säugling und Kleinkind waren — immer um uns gekümmert. Im Gespräch mit ihr haben wir reden gelernt. Sie hat Märchen erzählt und uns das Spielen gelernt (wenn auch der Vater ihr dabei geholfen hat). Wir alle waren also zunächst richtige »Mutterkinder«.

Aber für jeden kommt die Zeit, daß er sich für kürzere oder längere Zeit von der Mutter trennen muß, z. B. schon mit 3 oder 4 Jahren, wenn wir mit anderen Kindern zum Graben und Schaufeln auf den Sandplatz beim Haus gehen. Gibt es dort dann einen kleinen Streit, läuft das kleine Mädchen oder der kleine Bub sofort zu seiner Mutter, um ihr darüber zu berichten. Wären diese beiden nun noch ausgesprochene »Mutterkinder«, würden sie sagen: »Zu den bösen Kindern geh ich nicht mehr!« und würden bei der Mutter bleiben.

Die meisten Kinder aber verhalten sich anders. Sie fühlten sich innerlich gedrängt, der Mutter das Herz auszuschütten und ihr zu erzählen, was am Sandplatz gewesen ist. Aber sie bleiben nicht bei ihr, weil sie eben keine »Mutterkinder« mehr sind, sondern kehren — nachdem sie sich alles von der Seele geredet haben — wieder zu den Spielkameraden zurück und bauen im Sand weiter. Solche Berichterstattungen (die größeren Kinder sagen: verpetzen) können an einem Vor- oder Nachmittag mehrmals vorkommen. Das kleine Kind will nicht verpetzen, sondern nur der Mutter als der Vertrauten alles erzählen, was es erlebt.

Eine weitere, schon wesentlichere Trennung von der Mutter erfolgt, wenn das Kind in den Kindergarten kommt. Beim ersten Abschied weint oft das Kind. Nun kann es nicht mehr schnell zur Mutter laufen und erzählen, wenn ihm irgend etwas Neues oder Unangenehmes widerfährt. Der Kontakt zur Mutter ist nun schon für mehrere Stunden unterbrochen. Manche Kinder finden sich schnell, andere recht langsam in die neue Situation. Einige weinen die ersten Tage die ganze Zeit. Das sind die eigentlichen Mutterkinder. Mit der Zeit finden sie es aber auch im Kindergarten mit den vielen Spielsachen und den sehr verschiedenen Kindern doch auch recht schön. Freilich, wenn dann die Mutter kommt, stürzen sie ihr voll Liebe in die Arme. Im Grund freuen sich natürlich alle, wenn sie von Mutter oder Vater wieder abgeholt werden, auch die, denen es im Kindergarten sogar sehr gut gefällt und die vielleicht schon eine Freundschaft zu einem andern Kind geknüpft haben. Aber: »Zuhause ist eben doch zuhause.«

Mit 6 Jahren kommt man in die Schule. Ein noch bedeutenderer Schritt weg von der Mutter! Nun beginnt ja — wie man sagt — der Ernst des Lebens, die Arbeit. Man muß lesen und schreiben, rechnen und erzählen und noch viele andere Dinge lernen. Man muß hinterher Hausaufgaben machen. Aber allmählich freuen sich die ABC-Schützen, wenn sie von der Lehrerin oder vom Lehrer gelobt werden, und sind natürlich besonders stolz, wenn sie das der Mutter und dem Vater erzählen können. Wenn die Großmutter oder eine Tante zu Besuch kommt, wird aus dem Schulbuch vorgelesen und auch das Heft vorgezeigt. Schon in diesem Alter ist man dann stolz auf die eigenen Leistungen. So soll es ja auch sein. Nun gibt es aber Kinder, die sich erst zum Hausaufgabenmachen bequemen, wenn die Mutter mindestens zehnmal dazu gemahnt hat. Und solche Kinder verlangen womöglich, daß die Mutter sich dazu setzt und hilft. Das sind dann wieder »Mutterkinder«. Hoffentlich gehörst Du nicht zu denen. Freilich darf man sich freuen, wenn die Mutter die gemachte Hausaufgabe anschaut und loben kann.

Die nächste Loslösung ist der Eintritt ins Berufsleben. Davon war ja schon im 3. Kapitel die Rede. Nun ist man schon den ganzen Tag von der Mutter und von zuhause getrennt und muß sich neben Erwachsenen bewähren. Aber auch die oder der Berufstätige geht nach Arbeitsschluß wieder gern heim, erzählt der Mutter vom Vorgefallenen noch viel, wenn auch nicht mehr alles. Die meisten jungen Leute bleiben bei der Mutter wohnen, lassen sich von ihr versorgen, nehmen sie mit, wenn sie sich Bekleidung kaufen. Freilich gehen sie nun nicht mehr sehr gerne und nicht mehr oft mit der Mutter spazieren, sondern verbringen ihre Freizeit lieber mit anderen jungen Leuten.

Deswegen reißt aber die Beziehung zur Mutter noch lange nicht ganz ab. Selbst Erwachsene und Verheiratete mit eigenen Kindern denken am »Muttertag« an ihre Mutter voll Dankbarkeit, besuchen sie an diesem Tag oft über weite Entfernungen, bringen liebevoll ausgesuchte Geschenke und wollen der Mutter ihre Anhänglichkeit und Dankbarkeit bezeugen. Sind sie noch unverheiratet, so feiern viele erwachsene Töchter und Söhne auch das Weihnachtsfest noch bei der Mutter (und dem Vater).

8. Können kleine Mädchen schon Kinder bekommen?

Die Frage ist gar nicht dumm! Bub und Mädchen kommen ja schon mit den Geschlechtsorganen ihres Geschlechts zur Welt, und so könnte man annehmen, die Mädchen könnten schon zu einer Zeit, da sie selbst noch Kinder sind, Kinder bekommen. Sie haben ja in ihrem kleine Bauch Scheide, Gebärmutter und Eierstöcke, und so müßte es also möglich sein, daß sich ein kleines Mädchen — statt einer Puppe — gleich ein lebendiges Baby wünscht.

Das bekäme dem kleinen Baby schlecht. Wahrscheinlich weißt Du schon, daß es kleine Kinder oft sehr an der Ausdauer fehlen lassen. Sie fangen eine Sache mit großer Begeisterung an, und dann plötzlich verlieren sie die Lust daran wieder vollständig. Sie lassen alles liegen und wenden ihr Interesse einer ganz anderen, neuen Sache zu. So wünschen sie sich eines Tages glühend einen Roller und fahren — wenn sie ihn bekommen haben — mit Leidenschaft ein halbes Jahr lang vor dem

Haus auf und ab. Und dann auf einmal wird der Roller nicht mehr angeschaut. Man hat das Federballspiel entdeckt und

spielt nun dieses unentwegt. Und wieder einige Zeit später kommt man zum Lesen, und manches Mädchen wird plötzlich eine Leseratte, das alle freie Zeit mit Büchern verbringt. Die Mutter muß sogar aufpassen, daß nicht auch im Bett noch gelesen wird, statt zu schlafen.

Deshalb sind kleine Mädchen als Mütter noch ganz ungeeignet. Sicherlich würden sie ein halbes Jahr lang ihr lebendiges Baby nicht aus den Händen geben, es überall mit herumziehen, es unentwegt füttern und wickeln, so daß das arme Kindchen überhaupt nicht zum Schlafen käme. Und dann eines Tages wäre ihnen das Kind plötzlich langweilig. Sie ließen es irgendwo liegen und kümmeren sich überhaup nicht mehr darum.

Und was meinst Du, würde dann aus dem Baby werden, wenn sich keiner mehr darum kümmerte? Du weißt es: es würde sterben. Und das wäre doch schrecklich.

Dabei ist es richtig, wenn sich kleine Kinder so verhalten. Sie müssen ja vieles für ihr späteres Leben lernen, und deshalb müssen sie sich immer wieder neuen Dingen zuwenden und sich sehr intensiv damit auseinandersetzen. Um z. B. das Laufen zu erlernen, muß ein Kind viel hin- und herrennen, und das tut es mit großer Freude, solange es das Laufen noch nicht ganz beherrscht.

Diese Zeit ist für die Mutter nicht leicht, denn so ein kleiner »Läufling« rennt den ganzen Tag durch die Wohnung, und nichts ist vor ihm sicher. Er faßt an den Ofen und verbrennt sich die Hand (weil er ja noch nicht weiß, daß der Ofen heiß ist). Er rennt zu Papas Bücherregal und wirft die ganzen Bücher auf den Boden (weil er noch nicht weiß, daß man *so* nicht mit Büchern umgehen darf). Oder er zieht die Tischdecke vom Tisch. Die Blumenvase fällt herunter und zerbricht, das Wasser verdirbt das frischpolierte Parkett, und die schönen Blumen gehen auch kaputt. Das ist schade. Aber das Kind lernt aus solchen Erlebnissen für das spätere Leben. Du machst natürlich solche Sachen nicht mehr, aber auch nur, weil Du aus Deinen Fehlern gelernt hast.

Wenn dann das Herumlaufen wirklich beherrscht wird, wird das Kind wieder seßhafter. Vielleicht baut es nun mit dem Baukasten. Zuerst entstehen komische Bauten, die immer wieder einfallen. Allmählich aber entstehen bessere und schönere: eine Garage für das Blechauto, ein Stall für das kleine Holzpferdchen, eine Wohnung für die Puppe oder ein schöner Kaufladen usw. Aber dann ist es auch mit dem Bauen zu Ende. Man könnte meinen, das Geld für den Baukasten sei hinausgeschmissen, wenn das Kind nun nicht mehr damit spielt. Das ist nicht so. Es ist durch das Bauen wieder viel geschickter geworden und hat auch wieder viel zugelernt, was ihm später nützlich sein wird. Vielleicht kommt es nun zum Malen und Zeichnen. Auch das muß es lernen. Wer früh malen und zeichnen übt, wird sich später in der Schule mit dem Schreiben leicht tun.

Auf diese Weise wächst also das Kind in seinen Fähigkeiten. Mit jeder Spielsache und Beschäftigung wird es klüger und lernt etwas Neues. Es ist also *nicht* falsch, wenn es sein Tun immer wieder ändert und sich mit ganzem Interesse einer neuen Sache zuwendet. Aber ein kleines Mädchen ist aus demselben Grunde noch nicht geeignet, ein kleines Kindchen zu betreuen und aufzuziehen.

Das geht auch bei größeren Kindern noch so weiter. Da näht z. B. das Mädchen später Puppenkleider und erlernt dabei die Grundlagen des Schneiderns, dann sammelt es Briefmarken und lernt die Staaten der Welt kennen, sucht sie auf dem Atlas und ist wieder ein Stück weitergekommen. Was lernt man doch alles beim Lesen? Man lernt andere Menschenschicksale kennen, erfährt von fremden Ländern, von Tieren, und oft ist man so gepackt von einer Geschichte, daß man sich mitfreut und gelegentlich sogar richtig weint. Es ist so, als hätte man zusammen mit den Personen der Geschichte alles miterlebt.

Dabei bildet man sein Mitgefühl für andere aus und lernt sehen und kontrollieren, was richtig und was falsch ist. Du siehst, daß man, wenn man nur zum Vergnügen liest, auch wieder vorwärtskommt in seiner menschlichen Reife. Freilich darf man nicht nur Schund lesen, zusammengelogenes Zeug. Sonst hält man zum Schluß das für die »wahre Welt« und richtet sich danach. Du verstehst, warum Deine Eltern nicht erfreut sind, wenn sie Dich beim Schundhefterl-Lesen ertappen.

Solange man in solchen Dingen selbst noch lernt und vielleicht sogar selbst noch nicht weiß, was richtig und falsch ist, was einem nützt und schadet, so lange wäre es sehr schlecht, wenn man schon eigene Kinder zu erziehen hätte. Wer Kinder aufziehen will, muß zu einem Abschluß seiner eigenen Entwicklung und Reifung gekommen sein. Für die Kinder müßte es ja sehr peinlich sein, wenn sie dumme, ungeschickte und unreife Eltern hätten. Deshalb wäre es wirklich schlecht, wenn schon ein unreifes, vergeßliches, noch nicht ausgewachsenes Mädchen Kinder bekommen könnte.

Das hat die Natur von vornherein unmöglich gemacht. Das Mädchen kann erst Kinder bekommen, wenn es »geschlechtsreif« geworden ist. Die Geschlechtsreife tritt erst nach der Zeit ein, die man die Entwicklungszeit nennt.

Über die Entwicklungszeit (die auch Pubertät genannt wird) habe ich Dir schon einiges in Kapitel 3 gesagt. Wenn Du es inzwischen wieder vergessen haben solltest, mußt Du es dort noch mal nachlesen. Die Entwicklungszeit für das Mädchen beginnt damit, daß um den Scheideneingang herum die ersten sogenannten »Schamhaare« wachsen. Dann setzt das Längenwachstum ein, und das Mädchen überholt — wie ich Dir auch schon erzählt habe — die gleichaltrigen Buben. Als weiteres Zeichen, daß es in die Entwicklung gekommen ist, bildet sich die Brust um. Sie war bisher flach wie bei den Buben. Nun bilden sich zwei kleine Hügelchen. Manche Mädchen schämen sich dessen und wollen oft keine Pullover mehr tragen, damit man die Veränderung nicht so deutlich sieht. Das ist natürlich dumm. Wenn man eine Frau werden will, muß sich auch die Kinderbrust in eine Frauenbrust wandeln. Du weißt ja warum: In den beiden Hügeln bilden sich die Drüsen aus, die nach der Geburt die Muttermilch erzeugen, die die erste Nahrung für den Säugling bildet. Im weiteren Verlauf der Pubertät wachsen in den Achselhöhlen die Achselhaare. Dann runden sich die Hüften und werden breiter. Auch hier muß Platz geschaffen werden, daß die zukünftige Frau ein Baby in sich reifen lassen und austragen kann. Manchmal werden die Mädchen in der Pubertät zuerst etwas dick und sind dann recht unglücklich. Sie möchten die »schlanke Linie« behalten. Ihnen sei zum Trost gesagt, daß auch dieser »Pubertäts-Speck« wieder schnell verschwindet, wenn die Entwicklungszeit abgeklungen ist. (Natürlich nur, wenn das Mädchen nicht übermäßig viel »frißt« und nicht immerzu Süßigkeiten nascht.)

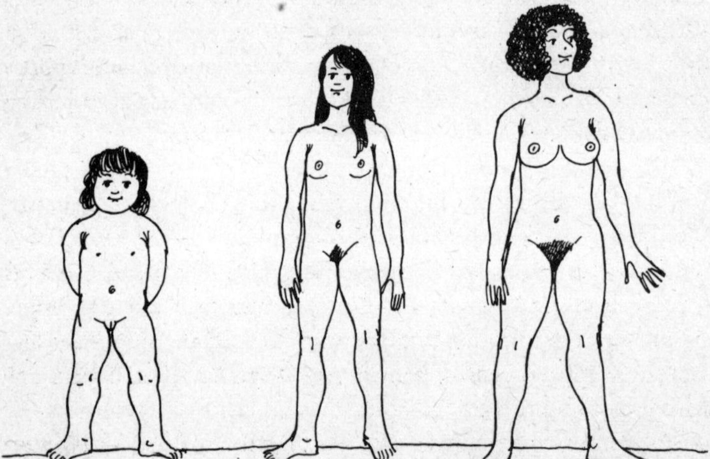

Wenn sich so aus einem kleinen Schulmädel vom Körper her schon fast eine junge Dame (von 11, 12 oder 13, 14 Jahren) entwickelt hat, tritt noch ein neues Ereignis ein, das manchmal das junge Mädchen erschreckt, wenn die Mutter noch nicht darüber gesprochen hat: aus der Scheide fließt eines Tages etwas Blut. Der Schlüpfer oder der Schlafanzug zeigt Blutflecken. »Was bedeutet das?«, denkt sich das Mädchen. »Habe ich mich denn da irgendwie verletzt oder gestoßen? Ich kann mich an gar nichts erinnern. Und mir tut auch nichts weh!« Und so geht es, wenn es Vertrauen zur Mutter hat, zu ihr und sagt es ihr.

Die Mutter ist selbst eine Frau und weiß, was jetzt eingetreten ist. Sie lächelt ein bißchen und sagt: »Ich habe schon immer mit Dir darüber sprechen wollen, daß dieses Ereignis nun bald eintreten wird, aber ich habe gedacht, es eile noch nicht. Und nun hast Du also Deine erste ›Periode‹ bekommen. Das wird von jetzt an alle Monate einmal sein. Es hat nichts mit einer Erkrankung oder Verletzung zu tun. Jede gesunde Frau, die die Geschlechtsreife erreicht hat, hat einmal im Monat eine solche Blutung, die ein paar Tage anhält und wieder von selbst aufhört. Du hast nun also — wie man sagt — auch die »Geschlechtsreife« erreicht. Wir werden darüber noch ausführlich sprechen. Aber jetzt muß ich Dir vor allem zeigen, was sich und jede Frau tut, wenn sie ihre Periode bekommt.«

Die Mutter geht zu ihrem Schrank und holt eine Packung heraus, die vielleicht auch Du, mein Leser, schon im Schaufenster einer Drogerie gesehen hast. Sie gibt ihrer Tochter einen Gummigürtel, holt aus der Packung eine Zellstoffbinde heraus und zeigt ihr, wie sie sie vor dem Scheideneingang anlegen muß, damit nicht die Unterwäsche und bei Nacht der Schlafanzug blutig wird.

Was bedeutet der Ausspruch der Mutter: »Die Geschlechtsreife ist nun bei Dir eingetreten!« An der 1. Periode, der schon besprochenen Blutung aus der Scheide kann man sehen, daß die Geschlechtsorgane des jungen Mädchens ausgereift sind. Einer der beiden Eierstöcke hat ein erstes Ei auf den Weg zur

Gebärmutter geschickt. Das Ei hätte schon zu einer Schwangerschaft führen können. Neun Monate später hätte sie dann schon einem eigenen Kind das Leben schenken können.

Aber weder die Mutter des jungen Mädchens noch ich würden das dem jungen — nun geschlechtsreif gewordenen — Mädchen wünschen. Bei manchen Mädchen tritt die Geschlechtsreife schon mit 11, 12 oder 13 Jahren ein und es wäre doch schlimm, wenn das Mädchen unter Umständen schon mit etwa 12, 13, 14 oder 15 Jahren ein erstes Kind bekäme. In diesem Alter besuchen Mädchen ja noch die Schule oder fangen an einen Beruf zu erlernen. Außerdem wäre es vielleicht auch noch nicht im stande sein Kindchen richtig zu besorgen und aufzuziehen und totsicher verdiente sie in diesem Alter auch noch nicht genug, um dem Kind die Ernährung und Kleidung beschaffen zu können. Die junge Mutter wäre noch ganz auf die eigene Mutter (die Großmutter des Kleinen) angewiesen.

Für diese Altersstufe ist wichtig, daß das junge Mädchen die Schule mit einem guten Entlaßzeugnis abschließt und sich um eine Berufsausbildung bemüht, wie das bei den männlichen Jugendlichen ganz selbstverständllich ist. Das Mädchen soll sich einen Beruf wählen, für den es begabt ist und der ihm Freude macht. Es soll finanziell selbständig werden und nicht mehr auf die Eltern angewiesen sein.

Es gibt Mädchen, die denken: »Ich heirate ja doch! Dann brauche ich doch nicht noch zuvor einen Beruf lernen!«

Aber es ist nicht sicher, daß es einen so netten Mann kennenlernen wird, den es heiraten möchte. Und außerdem ist nicht sicher, daß der Mann, den sie gern heiraten würde, sie dann auch heiraten wird. Vielleicht hat er schon sein Auge auf ein anderes junges Mädchen geworfen und wird die dann heiraten.

Aber selbst, wenn sie sich mit einem sehr netten Mann tatsächlich verheiratet, ist es auch besser, wenn sie zunächst in ihrem erlernten Beruf noch weiterarbeitet (wie ihr Mann), um gemeinsam mit ihm das Geld für die Erwerbung einer Wohnung, für die Möblierung dieser Wohnung und vielleicht auch noch für ein kleines Auto zu verdienen. Der Verdienst des noch jungen Ehemannes allein reicht meist für das alles noch nicht aus. Da ist es dann besser mit dem Kinderkriegen noch etwas zu warten und erst einmal das Miteinanderleben, das Miteinandersparen und Miteinanderfeiern in der Ehe zu lernen.

Aber sogar eine verheiratete Frau (mit Kindern) kann plötzlich wieder ganz auf sich gestellt sein. Der Ehemann kann früh sterben oder mit dem Auto tödlich verunglücken. Er kann längere Zeit krank oder überhaupt arbeitsunfähig werden. Dann ist es wunderbar, wenn die Frau ihre Berufsausbildung vor der Heirat abgeschlossen hat und im erlernten Beruf wieder Geld verdienen kann, um den Unterhalt der Familie zu bestreiten. (Vielleicht kann der kranke Mann dann teilweise den Haushalt übernehmen!) Jedenfalls muß das junge Mädchen — trotz Geschlechtsreife und sogar trotz Aussicht auf eine Heirat — seine Schul- und Berufsausbildung — abgeschlossen haben.

Sicher hast Du auch schon gehört, daß gelegentlich heute Ehen geschieden werden, die mit großer Zuversicht geschlossen wurden. Eine besonders hohe Scheidungsziffer haben die Ehen von jungen Leuten, die bei der Heirat noch nicht einmal 20 Jahre alt waren.

Man sagt, daß man mit jedem Jahr des Lebens erfahrener wird, überlegter handelt, zuverlässiger wird und auch einen eventuellen Ehepartner sicherer abschätzen und beurteilen wird.

9. Warum bekommen Mädchen und Frauen eine Periode?

Um diese Frage zu beantworten, müssen wir uns nochmals die Zeichnung des weiblichen Körpers genau anschauen. Du bist ja jetzt schon geübter als am Anfang und hast keine Mühe mehr, alles zu verstehen.

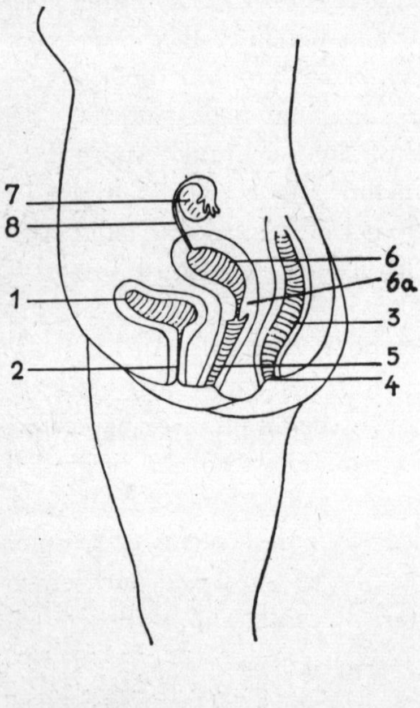

1 ist die Harnblase
2 Ausgang der Harnblase
3 das Ende des Darms
4 der After
5 die Scheide
6 die Gebärmutter mit dem Gebärmutterhals 6a
7 einer der Eierstöcke, in dem von den vielen Eiern, die dort bereitliegen, sich immer eines löst und in den Trichter fällt, der sich über den Eierstock wölbt
8 vom Trichter führt ein dünnes Röhrchen (der Ei-Leiter) zur Gebärmutter

Ganz gleich, ob Du ein Mädchen oder ein Bub bist, schau Dir alles nochmals genau an.

Die Zeichnung auf dieser Seite zeigt die weiblichen Geschlechtsorgane von vorne.

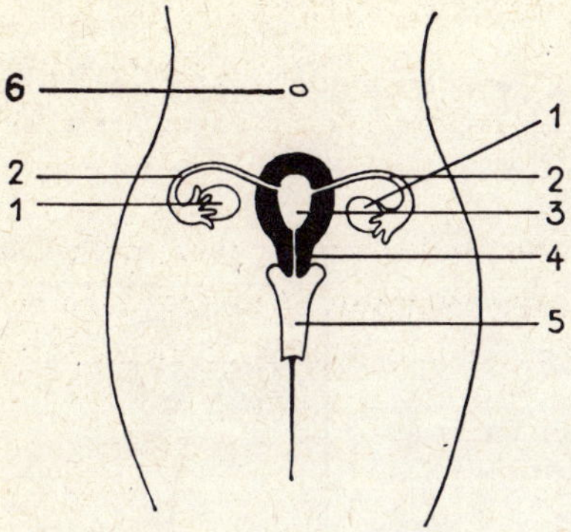

1 sind die beiden Eierstöcke, einer links und einer rechts
2 die beiden Eileiter mit dem Trichter, in den das Ei fällt
3 die Gebärmutter, die von einer dicken, dehnbaren Muskelschicht umgeben ist
4 der Gebärmutterhals, der ebenfalls sehr dehnbar ist
5 die Scheide, die nach außen führt
6 der Nabel

Wenn hier nun auch alles etwas anders als auf dem vorausgehenden Bild aussieht, findest Du Dich sicher zurecht. Das ist für das Nachstehende wichtig.

An den folgenden Zeichnungen kannst Du nun genau sehen, was während der Periode in den Geschlechtsorganen der Frau vor sich geht.

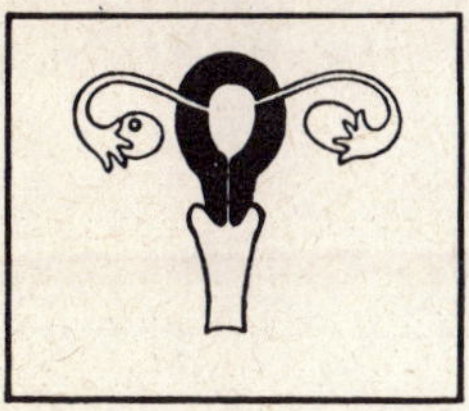

Im linken der beiden Eierstöcke reift ein kleines Ei heran. (Das Ei ist natürlich sehr stark vergrößert gezeichnet.) Die Frau spürt das nicht.

Das ausgereifte Ei wandert in den Trichter des Eileiters. Auch das merkt die Frau meist nicht.

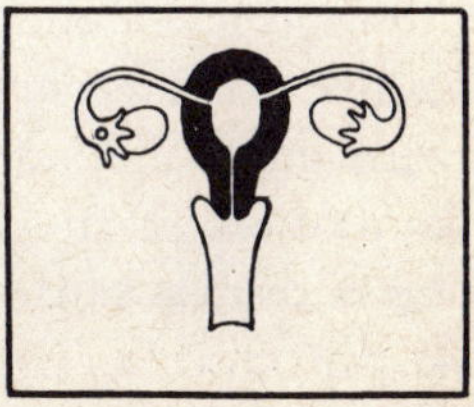

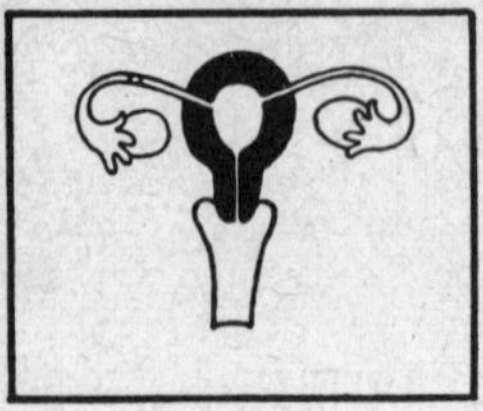

Das Ei wandert durch den dünnen Eileiter zur Gebärmutter. Für den 20 cm langen Weg braucht das winzige Ei 5 bis 8 Tage.

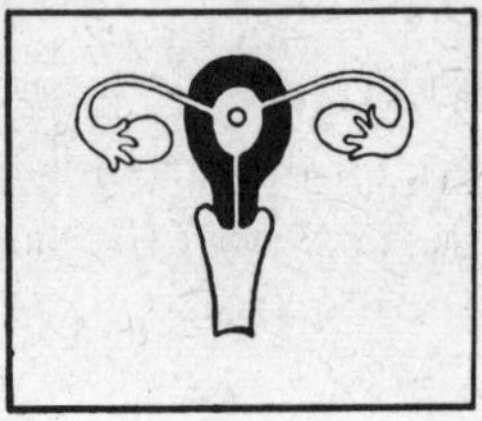

Ist kein Baby bestellt, stirbt das Ei unterwegs (nach etwa 8 Stunden noch im Eileiter).

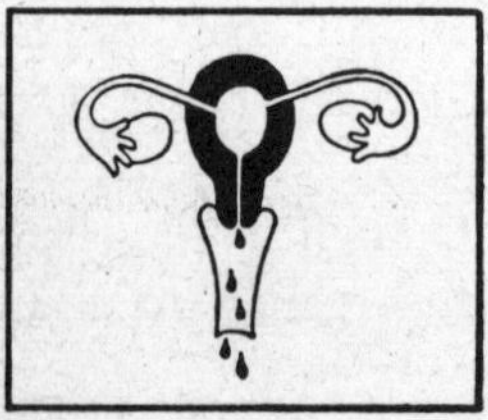

Mit der kurz danach einsetzenden Monatsblutung wird das tote Ei aus Gebärmutter und Scheide hinausgeschwemmt.

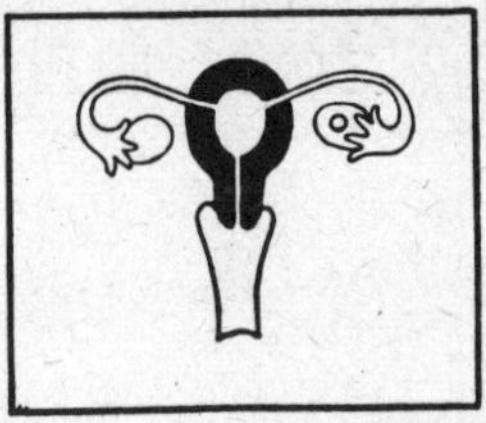

Nach etwa 14 Tagen reift ein neues Ei, diesmal im rechten Eierstock, heran.

Dieser Vorgang wiederholt sich mit ziemlicher Regelmäßigkeit im Abstand von 28 Tagen. (Bei manchen Frauen ist der Abstand um 1 oder 2 Tage kürzer oder länger.) Ein Ei fällt in den Trichter des Eileiters, durchwandert ihn, stirbt und wird durch die monatliche Periode ins Freie gespült. Einmal kommt ein Ei aus dem linken Eierstock, und 28 Tage danach das nächste aus dem rechten Eierstock. Weil das so regelmäßig, so periodisch eintritt, nennt man den Vorgang »Regel« oder

»Periode«. Der Arzt spricht auch von »Menstruation«. (Das lateinische Wort ist von Mensis abgeleitet. Das heißt Monat. Der Ausdruck besagt also, daß die Blutung alle Monate eintritt.)

Entwickelt sich aus dem Ei ein Baby, so setzen die Eierstöcke aus. Wie Du schon weißt, nistet sich dann das Ei in der Gebärmutterwand ein und das Kind wächst seiner Geburt entgegen. Während der Schwangerschaft reift deshalb in den Eierstöcken kein Ei mehr heran. Natürlich bleibt dann auch die Periode aus.

Während der Menstruation fühlt sich das Mädchen (oder die Frau) etwas müder als an anderen Tagen. Du hast vielleicht schon gelegentlich gehört, daß die Mutter zum Vater sagte: »Ich bin heute unwohl«, weil sie sich nicht so wohl wie sonst fühlte. Sie hätte auch sagen können: »Ich habe meine Tage«.

Wehleidige Mädchen meinen, das Unwohlsein sei ein guter Grund, sich von unangenehmen Arbeiten zu drücken und sich so zu benehmen, als wären sie krank. Solche Mädchen machen dann ein Mordsgetue, wenn von ihnen irgendein kleiner Handgriff verlangt wird. Das ist natürlich nicht richtig. Eine moderne Frau versieht an diesen Tagen ihre Arbeit genauso wie an allen andern. Es ist ihr am liebsten, wenn niemand in der Umgebung etwas davon merkt. Freilich braucht man sich nicht etwa zu schämen, denn die Periode ist ein ganz natürlicher Vorgang.

Immerhin ist es richtig, sich an diesen Tagen nicht zu überanstrengen. Während der Menstruation soll man sich keine besonders schweren Arbeiten vornehmen, wie etwa den »großen Hausputz«. Man soll keine besonderen sportlichen Leistungen unternehmen, z. B. eine schwere Bergtour. Man soll auch nicht zum Schwimmen in eine öffentliche Badeanstalt gehen. Normaler Turnunterricht in der Schule kann aber durchaus mitgemacht werden.

10. Wann kommen die Buben in die Geschlechtsreife?

Eigentlich mußt Du ja schon aus Kapitel 2 wissen, daß auch die Buben eine Pubertät durchleben müssen, um erwachsen zu werden. Es kommt also keiner zu kurz. Bub und Mann, Mädchen und Frau sind von der Natur gleichwertig ausgestattet worden. Keiner der beiden Geschlechter ist entbehrlich. Jeder hat seine bestimmte Aufgabe und Rolle und deshalb kommt auch für den Buben die Entwicklungszeit. Wie merkt er das?

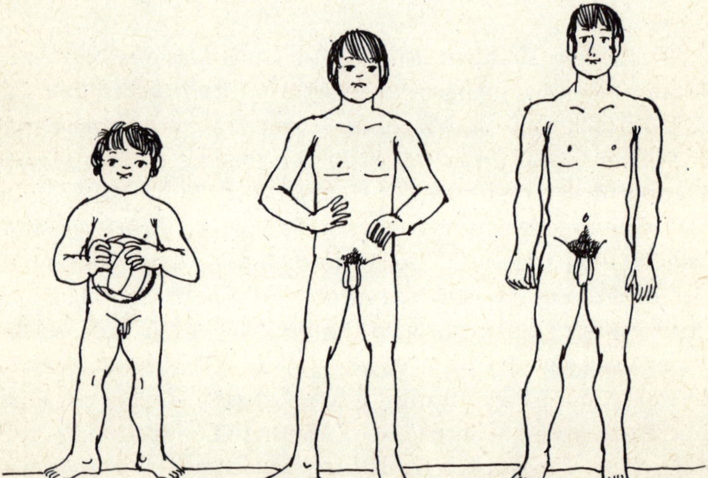

Vom Kapitel 3 her bist Du über den Verlauf der Pubertät im Bild. Körperlich sieht der Jugendliche groß, straff, kräftig und muskulös aus (nicht so zart und gerundet wie das junge Mädchen), hat sein schmales Becken meist behalten, aber in der Schulterbreite zugenommen und spricht mit tiefer männlicher Stimme.

Zwar ist auch bei kleinen und größeren Buben öfter einmal der Penis steif geworden, aber der Jugendliche bemerkt nun sozusagen als Voranzeige der herannahenden Geschlechtsreife, daß diese Steifung öfter, bei manchen sogar häufig auftritt, z. B. mitten im Unterricht in der Schule, bei schwierigen Prüfungen, oder wenn er Angst hat oder bei Aufregungen im Sport.

Besonders peinlich ist es ihm dann, wenn bei dieser Gelegenheit — weil er nur eine dünne Turnhose anhat — seine Steifung auch den Kameraden sichtbar wird. Deshalb ist zu empfehlen, daß er von da an unter seiner Sporthose eine enganliegende Slipunterhose trägt.

Jedenfalls hängt das Steifwerden des Penis fast immer mit Erregungen und Gefühlsaufwallungen zusammen. Man benennt diese Steifung des Penis mit einem lateinischen Wort »Erektion«. Durch Nervenimpulse bewirkt, erweitern sich die Blutgefäße im Glied und werden von den Arterien (Blutadern) mit Blut vollgepumpt. Der Penis wird dadurch dicker, länger, fühlt sich hart und steif an. Läßt die seelische Erregung nach, so fließt nur noch wenig Blut zu, die Schwellung geht zurück, das Steifsein verschwindet und das Glied wird wieder weich. (Wenn eine solche Erektion tagelang andauert, sollte ein Arzt aufgesucht werden, der dieser Unregelmäßigkeit abhelfen kann.) Übrigens wachen am Morgen viele Jugendliche mit steifem Penis auf. Das ist beinahe normal und wird von der vollen Harnblase ausgelöst.

Zum Trost sei betroffenen Jugendlichen gesagt, daß nach einiger Zeit die Erektionen wieder seltener auftreten. Warum aber treten sie überhaupt auf?, werden die männlichen Leser denken. Das Steifwerden in diesem Zeitabschnitt bedeutet gewissermaßen eine Überprüfung, ob das Glied des jungen Mannes für seine zukünftige Funktion bereit ist. (Darüber etwas später noch mehr.)

Beim jungen Mädchen ist die Geschlechtsreife eingetreten, wenn einer der beiden Eierstöcke das erste Ei auf den Weg zur Gebärmutter schickt. Das weibliche Baby bringt schon bei der Geburt 200 000 Eizellen in jedem der beiden Eierstöcke (zusammen also 400 000) mit zur Welt, allerdings noch nicht voll ausgereift.

Beim männlichen Jugendlichen beginnt die Geschlechtsreife in den Hoden. Die Hoden sind nicht — wie man meinen könnte — ein eiförmiges Stückchen Fleisch, sondern ein Gewirr von dünnen, verschlungenen, schlauchartigen Kanälchen. Wieviele das sind und wie klein und dünn sie sind, ahnst Du vielleicht mein Leser, wenn ich Dir sage, daß sie — gestreckt und aneinandergefügt — fast einen Kilometer ausmachen würden. Bei kleinen und größeren Buben sind die dünnen Schläuchelchen noch leer. Erst beim jungen Mann füllen sie sich allmählich mit Hunderten, Tausenden und zum Schluß mit Millionen winzigkleiner beweglicher Zellen, den sogenannten »Samenzellen« oder »Samenfäden«. Sie sind so klein, daß sie nur unter einem Mikroskop, das mehre hundertmal

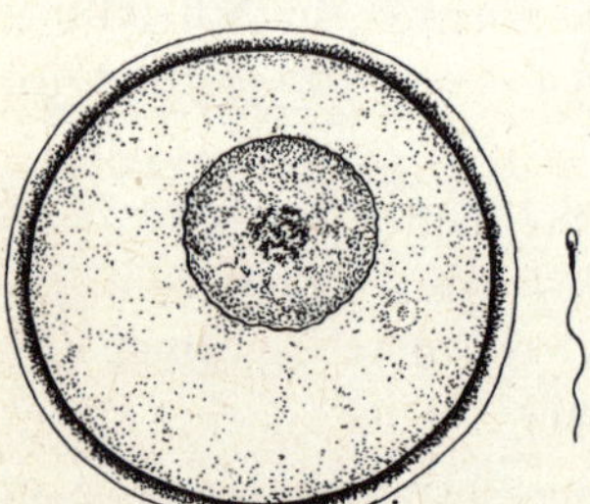

Eizelle und Samenfaden
im Vergleich ihrer Größe

vergrößert, sichtbar werden. Auf der nebenstehenden Zeichnung kannst du einen Samenfaden im Vergleich mit dem weiblichen Ei sehen. Du weißt, daß das weibliche Ei in natürlicher Größe nur so groß ist wie ein Punkt, den man mit freiem Auge gerade noch sehen kann. Die Samenfäden sind so klein, daß man in einem einzigen weiblichen Ei 10 000 männliche Samenfäden unterbringen könnte (natürlich nur wenn die Eihaut leer wäre).

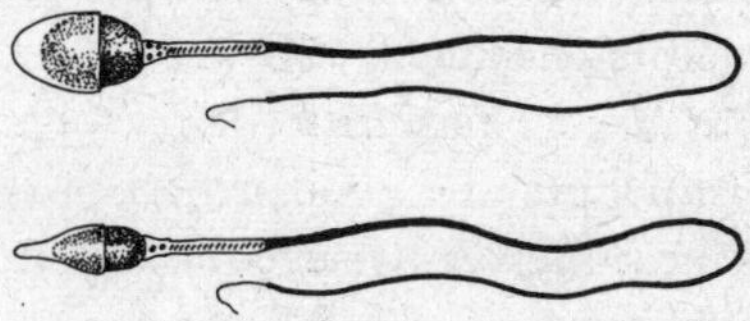

Samenfaden
Vorderansicht

Seitenansicht

Vergrößert und ausgestreckt sieht ein Samenfaden entfernt einer Stecknadel ähnlich. Er hat einen kleinen Kopf und daran angewachsen einen langen, dünnen, fadenförmigen Schwanz, mit dem er sich vorwärts rudern kann. (Wenn Du schon Kaulquappen gesehen hast [aus denen Frösche werden], kannst Du Dir das Vorwärtsrudern vorstellen!)

Haben sich nun die vielen Hohlräume in den auch größer werdenden Hoden mit unendlich vielen der winzigen Samenfäden gefüllt, ist der junge Mann geschlechtsreif geworden. Schließlich hat er viele Millionen von ihnen in Hoden und Nebenhoden vorrätig. Allerdings weiß er selbst nichts davon. Auch andere Menschen können ihm das nicht ansehen.

Freilich für Mutter und Vater ist er nun der »große Sohn« (oft ist er größer als die Mutter und sogar der Vater). Er hat sich sicher auch im Benehmen und Verhalten zu seinem Vorteil verändert, ist den Eltern gegenüber weniger ruppig, kämmt sich oftmals untertags seine Haare und muß nicht mehr zum Händewaschen geschickt werden. Er zieht sich auch ordentlich an. Trotzdem meinen die Eltern und sehen auch die guten Bekannten der Familie noch immer nicht in ihm einen vollen Erwachsenen.

Natürlich genießt er immer mehr Freiheiten. Er darf länger aufbleiben, mit Kameraden ausgehen und wird nicht mehr geschimpft, wenn er spät zurückkommt. Er darf auch die Fernsehsendungen anschauen, die Kinder noch nicht sehen sollen. Aber — wenn die Eltern schlafen gehen — mahnt die Mutter doch noch immer: »Bleib nicht zu lange auf! Du brauchst noch den Schlaf! Deine Nacht wird sonst zu kurz und ich kann dich sonst morgen früh kaum wachrütteln und zum Aufstehen bringen!«

Das ärgert natürlich den großen Sohn und er brummelt vor sich hin: »Ich weiß schon, was ich zu tun habe. Ich bin doch kein kleines Kind mehr!« Aber, unter uns gesagt, verläßt er sich doch auf seine Mutter und hofft, sie wird ihn am Morgen schon zur rechten Zeit wecken. Und so war es dann am nächsten Morgen tatsächlich: Hätte sie ihn nicht wachgerüttelt, hätte er bestimmt bis weit in den Vormittag hinein weitergeschlafen. Was meinen meine Leser: ist er nun wirklich kein kleines Kind mehr oder ist er doch noch eines?

Ganz bestimmt ist so ein großer Sohn kein kleines Kind mehr, aber daß er noch täglich von der Mutter geweckt werden muß, ist noch ein kindlich anmutendes Verhalten. Aber wenn er nun selbst nicht zur richtigen Zeit wach wird! Muß er sich dann nicht von seiner Mutter wecken lassen?

Einem so großen (aber auch noch kleineren) Sohn könnte etwas anderes einfallen. Er müßte sich einfach eine Weckeruhr kaufen (mit einem lauten Läutwerk) und allmählich lernen, auf Mutters Wachrütteln zu verzichten. Wenn er beim Läuten des Weckers wach wird und aufsteht, wäre er bestimmt schon beim Frischmachen im Bad, wenn die Mutter zum Wecken kommt. Sie würde staunen und sicher sofort zum Vater sagen: »Jetzt glaub ich, wird unser Großer tatsächlich erwachsen! Denk Dir nur, er hat sich einen Wecker gekauft. Er hat ihn gehört — und als ich in sein Zimmer kam, um ihn zu wecken — war er schon aufgestanden und schon beim Duschen im Bad.«

Dem Vater kommt es fast so vor, als sei seine Frau ein bißchen traurig, daß der Große nun selbständig aufsteht. Und so fragt er: »Er wird Dir wohl zu schnell groß und erwachsen?« »Das nicht,« sagt sie zögernd, »ich freu mich auch, wenn er selbständiger wird, aber bin auch ein bißchen traurig, wenn er uns immer weniger braucht.« »Du denkst, der zieht morgen schon bei uns aus und mietet sich eine eigene Wohnung. Bis dahin ist noch viel Zeit!« lacht da der Vater los. »Unser Großer braucht Dich noch lang, brauch ich Dich sogar noch selber«, sagt der Vater, »und ich bin ja wirklich schon lange erwachsen.

Wie erfährt aber der große Sohn, ob er nun schon geschlechtsreif ist oder nicht? Das erfährst Du im nächsten Kapitel.

11. Haben junge Männer keine Periode?

Erwachsene würden vielleicht über diese Frage lachen. (Die Frage wurde mir einmal von einem Mädchen gestellt.) Da fiel mir ein, daß es auch bei jungen Männern zu Ausscheidungen kommt, aber längst nicht so regelmäßig wie bei jungen Mädchen und Frauen. Davon noch mehr in diesem Kapitel.

Zunächst wollen wir uns über die männlichen Geschlechtsorgane genau orientieren. Einiges weißt Du schon.

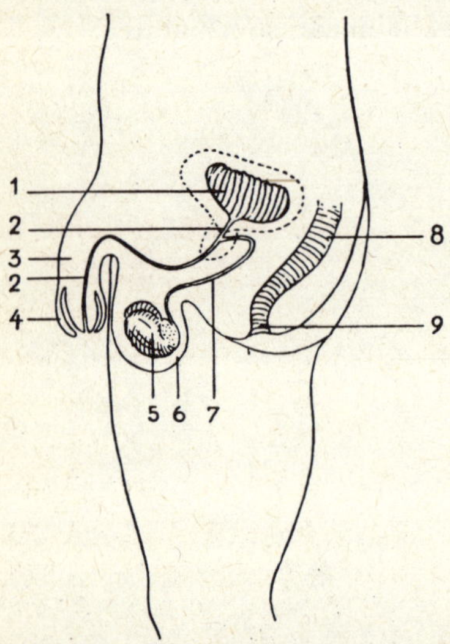

1 ist die Harnblase. Sie liegt beim Mann an der gleichen Stelle wie bei der Frau.

2 ist die Harnröhre. Sie ist beim Mann länger als bei der Frau, weil sie durch den Penis führt.

3 ist das Glied oder der Penis. Das weißt Du längst.

4 ist eine bewegliche Hautfalte (die Vorhaut), die die Spitze des Penis (Eichel genannt) bedeckt.

5 ist einer der beiden Hoden, in dem die Samenfäden entstehen.

6 ist der Hodensack, in dem die beiden Hoden getragen werden.

7 der Samenleiter. Dieses Röhrchen steigt von den Hoden hoch in den Bauch hinein und mündet in die Harnröhre.

8 ist der Darm und 9 der After.

Dazu müssen nun noch einige Erläuterungen gegeben werden, damit Mädchen und Buben übereinander genau Bescheid wissen.

Das Glied kann schlaff und weich sein und bei der Erektion steif, hart, größer und dicker werden. Das hängt davon ab, wieviel Blut in den Penis hineingepumpt wird. Und das kann durch sehr verschiedene Umstände bewirkt werden, z. B. von Kälte und Wärme des Wetters, von der Weite und Enge der Kleidung usw., aber auch von Gedanken und Gefühlen, die den jungen Mann bewegen.

Der Penis ist — wie andere Organe und Körperteile — nicht bei allen Männern gleich groß, bleibt bei manchen im schlaffen Zustand fast so groß wie im steifen, während er bei anderen außerhalb der Erektion klein zusammenschrumpelt. Das hat aber nichts zu sagen. Auch ein etwas kleineres Glied kann seine Funktionen voll erfüllen, genauso wie z. B. eine kleine Nase ein ebenso gutes, ja gelegentlich besseres Geruchsvermögen haben kann als eine große. Ich sage das ausdrücklich, weil ich weiß, daß sich manchmal männliche Jugendliche und junge Männer Sorgen machen, wenn sie den eigenen für kleiner halten, als er — nach ihrer Meinung sein sollte. Wer sich trotz meines Hinweises weiterhin Sorgen macht, sollte sich möglichst bald von einem Arzt untersuchen lassen und ihn deswegen befragen. Dann hört er vom Fachmann, daß er sich umsonst gesorgt hat.

Die Spitze, oder besser gesagt, der Kopf des Penis heißt »Eichel«. Zum Schutz ihrer besonders zarten Haut stülpt sich darüber eine derbere, bewegliche Haut, die sogenannte »Vorhaut«. Sie läßt sich zurückschieben. Dann wird eine Furche sichtbar, in der sich von der Pubertät an eine weiße, salbenartige Ablagerung bildet. Diese weiße Salbe sollte ein- oder zweimal in der Woche abgewaschen werden. Tut man das nämlich nicht, wird sie ranzig. Das reizt die zarte Eichelhaut so, daß sie sich entzünden und anschwellen kann. Das schmerzt sehr und ist bei jedem Schritt sehr lästig. (Wenn Du das weißt, kannst Du Deinem Glied und Dir selbst diese Schmerzen ersparen!)

Gar nicht besonders selten läßt sich die Vorhaut aber nicht über die Eichel zurückziehen. Man spricht dann von »enger Vorhaut« oder »Phimose«. Natürlich kann dann der Belag nicht abgewaschen und eine eventuelle Entzündung nicht behandelt werden. Sollte das bei einem meiner männlichen Leser der Fall sein, so sollte die zu enge Vorhaut von einem Arzt geweitet werden. (Da vielleicht die Eltern gar nicht wissen, daß ihr Bub eine Phimose hat, muß er das mit ihnen besprechen und fragen, zu welchem Arzt er gehen soll. Es ist keine schwierige Sache, diese kleine Unregelmäßigkeit zu beseitigen.)

Der Hodensack ist einmal runzelig, eng und umschließt die Hoden ganz knapp; ein andermal ist seine Haut ganz glatt und die Hoden hängen tief durch. Das ist nur von der Tagestemperatur abhängig und ist also vollkommen normal.

Die Hoden selbst sind gegen Druck und Stoß sehr empfindlich. Deshalb ist es ausgesprochen unsportlich und unfair, einen Gegner beim Raufen in die Hoden zu treten oder zu schlagen. (Würde ein Sportboxer sich bei einem Wettkampf so etwas leisten, so würde er sofort wegen »Tiefschlags« disqualifiziert.) Vielleicht hast Du Dich beim Barrenturnen schon einmal aus Versehen auf Deine Hoden gesetzt, dann weißt Du, wie mörderisch weh das tut. Also sieh Dich vor, daß Du Dir nicht die Hoden quetschst!

Es gibt Buben, bei denen der Hodensack ganz leer ist oder nur einen Hoden enthält. In so einem Fall sind beide oder nur ein Hoden im Bauch stecken geblieben. Bei allen Buben stecken zunächst die Hoden im Bauch, wandern aber bei den meisten noch vor der Geburt in den Hodensack. Auch hier kann der Arzt helfen und die steckengebliebenen herunterholen.

Würden beide Hoden im Bauch zurückbleiben, so käme der Jugendliche nicht in die Geschlechtsreife. In ihm würden keine Samenzellen heranreifen und er würde keine Kinder zeugen können. Ist dagegen ein Hoden im Hodensack, bilden sich in diesem Hoden Samenzellen, die ihm eine Zeugung ermöglichen.

Wahrscheinlich aber möchtest Du, wie die andern auch, zwei Hoden in Deinem Hodensack haben.

Nachdem ich das Wichtigste über die männlichen Geschlechtsorgane mitgeteilt habe, kann ich die Überschrift über diesem Kapitel beantworten. Du weißt, daß von der Geschlechtsreife an sich in den Hoden immer neue Samenzellen bilden, und zwar millionenweise, und da ist es nun verständlich, daß zu irgend einer Zeit die beiden Hoden bis in den letzten Winkel hinein voll gefüllt sind.

Es gibt zwar eine Ausweichmöglichkeit: die beiden »Nebenhoden«, von denen je einer — wie eine kleine Raupe — auf jedem Hoden aufsitzt. (Das ist in unserer letzten Zeichnung zu sehen!) Aber natürlich sind die auch bald übervoll.

Da nun aber ständig neue Samenzellen entstehen, müssen sich schließlich die übervollen Nebenhoden und Hoden entlasten und wieder Platz schaffen für die ständig nachwachsenden Samenzellen. Sie schicken also einige Hunderttausend von ihnen auf die Reise. Das geschieht meist während der Nacht und nur sehr selten bei Tag. Sie steigen dann in den beiden Samenleitern hoch in die Bauchhöhle hinein. Auf der Zeichnung kannst Du sehen, daß die Samenleiter unter der Harnblase in die Harnröhre münden, und so gelangen die ausgeschiedenen Samenfäden durch den Penis ins Freie. Das Ausgeschiedene sieht wie einige Tropfen schleimiger Flüssigkeit aus. Kein Mensch kann sich vorstellen, daß darin mehrere Hunderttausende von Samenzellen enthalten sind.

Diesen Vorgang nennt man — weil er nicht absichtlich herbeigeführt wurde — einen »unfreiwilligen Samenerguß«, oder eine »Pollution«. Geschieht das im Schlaf, so merkt der Jugendliche kaum etwas davon. Allerdings werden auch manche wach und wundern sich, wenn sie darüber noch nie etwas gehört haben. Die Mutter entdeckt beim Aufbetten angetrocknete Flecken in der Bettwäsche oder im Schlafanzug und weiß, daß ihr großer Junge einen Samenerguß hatte. Sie deutet es richtig, wenn sie zum Vater sagt: »Jetzt ist unser Hans in geschlechtlicher Hinsicht ein Mann. Ich habe Flecken von einer Pollution im Bett gefunden.« Vater und Mutter wissen damit, ihr Hans hat die Geschlechtsreife erreicht. (Die erste Pollution beim Sohn beweist das ebenso sicher wie beim Mädchen die erste Periode.)

Festgehalten muß werden: Die Pollutionen treten nicht so regelmäßig auf wie bei den Frauen die Periode. Manchmal häufen sie sich oder bleiben wieder längere Zeit aus. Weil alle Menschen verschieden sind, haben einige Jugendliche häufigere und andere seltenere Samenergüsse. Das braucht aber keinen zu beunruhigen. Später spielt sich das alles ein und wird so, wie es nötig und richtig ist. Ganz gleich, ob durch häufigere oder seltenere Pollutionen Samenzellen ausgeschieden werden, wachsen immer sofort wieder genügend nach.

Pollutionen kann man nicht Regel oder Periode nennen, weil sie nicht so regelmäßig und nicht so periodisch auftreten wie die Periode der Frau.

12. Was bedeutet die Geschlechtsreife für die jungen Menschen?

Ist ein junges Mädchen geschlechtsreif geworden, so muß es wissen, daß es in seinen Geschlechtsorganen so ausgereift ist, daß es schwanger werden und nach neun Monaten ein eigenes Kind zur Welt bringen kann.

Und woher weiß das junge Mädchen, daß es nun geschlechtsreif ist? Das müßtest Du aus Kapitel 8 schon wissen. Sie erfährt das durch ihre erste Periode. Ein erstes Ei hat einen der beiden Eierstöcke verlassen, sich auf den Weg zur Gebärmutter begeben, hat sie aber doch nicht lebend erreicht und wurde deshalb einige Tage später aus Gebärmutter und Scheide (durch die Periode) hinausgespült. Warum aber ist das Ei schon im Eileiter gestorben und nicht zu einem Baby im Leib des jungen Mädchen herangewachsen.

So unverständlich uns das im ersten Augenblick erscheinen mag, so steckt doch ein tiefer Sinn dahinter. Da die Geschlechtsreife bei den jungen Mädchen oft schon mit 12, 13 oder 14 Jahren erfolgt, würde das junge Mädchen schon mit 12 oder 13 Jahren schwanger werden und mit 13 oder 14 Jahren schon für ein erstes eigenes Kind sorgen müssen, das heißt, eine eigene Wohnung haben müssen, genügend Geld verdienen müssen, um ihr Kind ernähren und kleiden zu können. Es müßte schon einen Haushalt führen können und sollte daneben auch noch arbeiten (wobei es doch noch schulpflichtig ist und beruflich noch keine Ausbildung hat). Außerdem würde ja schon kurze Zeit nach der Geburt von den Eierstöcken wieder ein Ei losgeschickt werden. Wenn nicht die Befruchtung eingeschaltet wäre, die erst das Ei zu einem Baby heranreifen läßt, würde jede unverheiratete oder verheiratete Frau mindestens 30 Kinder gebären und das ginge über die Möglichkeiten der meisten Familien hinaus. Kinder kosten ihren Eltern ja zweifellos Geld, viel Geld sogar.

Deshalb ist es richtig, daß sich aus einem mütterlichen Ei nur ein Menschenkind entwickelt, wenn das Ei in den weiblichen Geschlechtsorganen befruchtet wird.

Die jüngsten meiner Leser haben wahrscheinlich das Wort »befruchtet« noch nie gehört, aber die etwas Älteren kennen es aus der Naturkundestunde (aus der Biologiestunde) in der Schule. Allerdings hatte das nicht mit den Menschen zu tun. Sie haben nur von der Befruchtung von Blüten gehört. Sie haben sich mit dem Lehrer eine besondere Blüte sehr genau angeschaut, mit andern Blumen und Blüten verglichen und dabei feststellen können, daß fast alle Blumen und Blüten ganz bestimmte Blüten- oder Blumenteile haben. Ich zeige das an einer aufgezeichneten Kirschblüte auf.

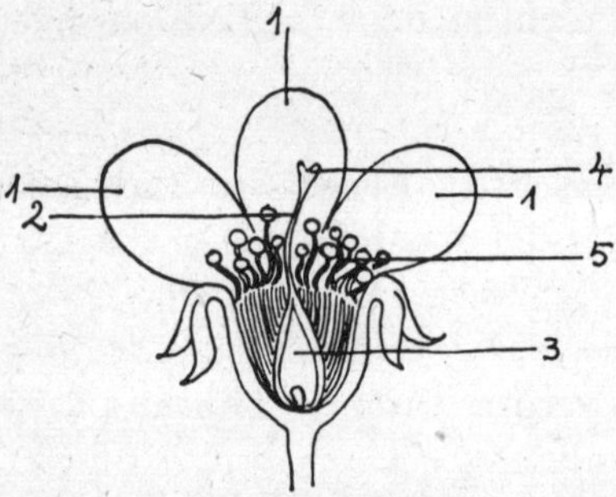

Teile der Kirschblüte

1 die weißen Blütenblätter,
2 der röhrenhafte Griffel in der Mitte der Blüte,
3 der Griffel mündet unten in den Fruchtknoten,
4 am oberen Ende des Griffels sitzt die Narbe. Sie hat einen kleinen Schlitz, der durch den Griffel zum Fruchtknoten führt,
5 um den Griffel herum stehen die Staubfäden, die oben kleine Beutelchen mit Blütenstaub tragen.

Wie kommt es zur Befruchtung der Kirschblüte?

Wie fast alle Blumen und Blüten ist auch die Kirschblüte bei der Befruchtung auf die Mithilfe von Insekten (z. B. die Bienen) angewiesen. Jedenfalls kann sich die Kirschblüte selbst nicht befruchten.

Blüht im Frühjahr der Kirschbaum leuchtendweiß im Sonnenschein, so lockt er die Bienen in großer Anzahl an. Wenn Du schon einmal bei warmem, sonnigem Wetter unter einem blühenden Kirschbaum gestanden hast, wirst Du Dich gewundert haben, wie sehr der ganze Baum summt. Natürlich tut das nicht der Baum, sondern die Bienen, die zu Hunderten von Blüte zu Blüte fliegen. Sie sammeln Blütenstaub und tragen ihn zum Bienenstock, weil damit die heranwachsenden Bienenkinder gefüttert werden. Natürlich bestäuben sie sich bei dieser Arbeit selbst mit gelbem Blütenstaub und so passiert es ihnen immer wieder, daß sie beim Über-die-Blüten-Wegkrabbeln — ohne daß sie es selbst merken — an der Narbe Blütenstaub von einer eben besuchten Blüte abstreifen.

Diese kleine Portion Blütenstaub, schlüpft durch den Schlitz der Narbe, durch den Griffel zum Fruchtknoten und verschmilzt mit ihm. Und damit ist die Befruchtung vollzogen. Nun wird aus dem Fruchtknoten eine Kirsche heranreifen.

Nach kurzer Zeit verwelkt die Blüte und fällt ab. Auf dem Blütenstiel sitzt nur noch der kleine, grüne Fruchtknoten. Er wächst und wächst, rundet sich, wird schwerer und schwerer bis ihn der Blütenstiel nicht mehr tragen kann und umkippt. Von da an hängt der grüne Knopf nach unten. Innen bildet sich der Kirschkern und darum die harte Schale, die zuerst noch weich ist, aber immerzu härter wird. Und um den Kern in der harten Schale wächst das zuerst noch saure, aber mit dem weiteren Reifen süßwerdende Fleisch der Kirsche, das alle Kinder sehr schätzen. Zum Schluß färbt sich die Außenhaut rot (bei andern Sorten schwarz) und damit ist die Kirsche reif geworden.

Werden die reifen Kirschen nicht geerntet oder von den Vögeln gefressen, so fallen sie vom Baum. Das Kirschfleisch fault und bildet ein bißchen Dünger für den Kern, der zu keimen beginnt. Durch die harte Schale des Kirschkerns treibt nach unten eine Wurzel, die aus dem Erdboden Nahrung für den Keim sucht, und schließlich entwickelt der Kern auch nach oben einen grünen Trieb. Im Verlauf einiger Jahre wird sich daraus ein junger Kirschbaum entwickeln.

Was wäre geschehen, wenn die Bienen nicht gekommen wären und die Kirschblüten-Narben nicht bestäubt und damit nicht befruchtet worden wären?

In unserer Gegend kommt das gar nicht so selten vor. Ist es — wie das bei uns sogar recht häufig passiert — zur Kirschblütenzeit im Frühjahr noch (oder plötzlich wieder) sehr kalt, so fliegen die Bienen nicht aus. Sie haben Angst vor strenger Kälte und bleiben dann lieber im warmen Bienenstock. Selbstverständlich werden dann aber die Kirschblüten nicht befruchtet. Folgerichtig wachsen in diesem Jahr am Kirschbaum — obwohl er wirklich herrlich geblüht hat — keine Kirschen. Manche Leute behaupten dann, die Blüten seien erfroren. Die Blüten haben aber die Kälte ausgehalten. Du weißt jetzt, es lag an den Bienen, daß es keine Kirschen gab.

Vermutlich wunderst Du Dich, daß ich in diesem Kapitel so viel über die Befruchtung von Kirschblüten schreibe. Vielleicht errätst Du aber, daß die Befruchtung nicht nur bei den Blüten und Blumen, sondern auch beim menschlichen Kinderkriegen eine wichtige Rolle spielt. Diese Vermutung von Dir stimmt tatsächlich. Auch das menschliche Ei kann sich ohne Befruchtung nicht zu einem Baby entwickeln.

Im Unterschied zum Kirschbaum, der von sich aus nichts dazu tun kann, daß es zur Befruchtung seiner Blüten kommt, sind wir Menschen in einer viel besseren Situation. Wir können sehr wohl etwas dazu tun, weil wir nicht auf artfremde Helfer angewiesen sind (wie zum Beispiel der Kirschbaum auf die Bienen). Wir sind auch nicht vom Wetter abhängig. Das menschliche Ei kann auch bei schlechtem Wetter und bei sehr großer Kälte befruchtet werden, denn es wird nicht mit Blütenstaub sondern mit männlichen Samenzellen (Samenfäden) befruchtet, die — wie Du weißt — das ganze Jahr über zu vielen Millionen in den Hoden geschlechtsreifer Männer heranwachsen und in den Nebenhoden bereitgehalten werden. Das geschlechtsreife Mädchen oder die geschlechtsreife Frau kann sich ihr Ei von einem geschlechtsreifen Mann befruchten lassen, um in ihrem Leib aus einem Ei ein Baby heranwachsen zu lassen. Bei der Befruchtung verschmilzt dann ein Samenfaden mit dem Ei und das ist der Anfang eines neuen Lebens.

Damit ist eigentlich die Frage beantwortet die über dem Kapitel 12 steht: Die Geschlechtsreife bedeutet für das junge Mädchen, daß es von der Geschlechtsreife ab Mutter werden kann und für den jungen Mann, daß er ein weibliches Ei mit seinen Samenfäden befruchten und damit Vater werden kann.

Zu Kapitel 12 haben mir mehrere Kinder — Mädchen und Buben — brieflich die Frage gestellt: »Sie schreiben immer nur von einem Baby. Aber es werden doch auch Zwillinge geboren?«

Normalerweise verläßt immer nur *ein* Ei einen der mütterlichen Eierstöcke, aber — als seltene Ausnahme — kommt es vor, daß beide Eierstöcke einmal gleichzeitig je ein Ei losschicken und dann diese beiden Eier in den weiblichen Geschlechtsorganen (im jeweiligen Eileiter) mit einem Samenfaden zusammentreffen. Dann kommen zwei befruchtete Eier in die Gebärmutter, nisten sich ein, entwickeln sich zu zwei Babys und werden neun Monate später (kurz hintereinander) geboren. Solche Zwillinge nennen die Wissenschaftler — weil sie aus zwei Eiern stammen — »zwei-ei-ige Zwillinge«. Sie sind sich nicht ähnlicher als sonstige Geschwister, können verschiedene Haar- und Augenfarbe haben, können das gleiche oder verschiedenes Geschlecht haben. Daß sie Zwillinge sind, sieht man ihnen gar nicht sofort an.

Aber es gibt Zwillingspaare — vielleicht hast Du schon eines kennengelernt —, die sich so ähnlich sehen, daß sie sogar die guten Bekannten, die Lehrer und die Mitschüler ständig verwechseln. Sie sind gleich groß, haben die gleichen Haar- und Augenfarbe, haben nie verschiedenes Geschlecht, sondern sind entweder zwei Buben oder zwei Mädchen, reden in der gleichen Stimmlage usw. und sind dazu oft noch von den Eltern gleich gekleidet (was das Auseinanderkennen noch schwerer macht). Die Wissenschaftler haben geforscht und geforscht, wieso Zwillinge sich so gleich oder so verschieden entwickeln können, und haben herausgebracht, daß diese zweiten Zwillinge nicht aus zwei Eiern stammen, wie die ersten, sondern sich aus einem Ei entwickelt haben, so merkwürdig uns das vorkommen mag. Die Eierstöcke haben — wie das die Regel ist — nur ein Ei in den Eileiter geschickt. Unterwegs traf es einen Samenfaden und verschmolz mit ihm und strebte weiterhin der Gebärmutter zu. (Bis hierher nahm also alles den normalen Verlauf.) Aber mit einem Mal teilte sich das befruchtete Ei im Eileiter (die Gründe kennt man noch nicht genau) in zwei Hälften. Und jede Hälfte wurde wieder ein vollständiges Ei und wanderte eines hinter dem anderen durch den Eileiter, nistete sich in der weichen Gebärmutter ein und wurden nach der abgeschlossenen Schwangerschaft geboren. Wenn Zwillinge also nicht aus zwei Eiern, sondern aus einem Ei stammen, das nur von einem Samenfaden befruchtet wurde, nennt man sie »ein-ei-ige Zwillinge«. Sie sehen sich immer zum Verwechseln ähnlich.

Zwillingsgeburten sind verhältnismäßig selten. Die meisten Kinder werden als einzelne geboren. Wissenschaftler konnten feststellen, daß nach 85 Einzelgeburten nur einmal ein Zwillingspärchen geboren wird. Vielleicht interessiert Dich auch, daß unter allen Zwillingen aber nur ein Siebtel ein-ei-ige sind.

Das Wichtige dieses Kapitels ist, daß die geschlechtsreife Frau zwar jeden Monat einmal in ihren Geschlechtsorganen ein frisches Ei bekommt, das ein Kind werden könnte, aber trotzdem keines wird, wenn es nicht mit männlichen Samenzellen befruchtet wird. Jedenfalls kann die Frau nicht allein ihr Ei zum Ausreifen bringen, auch wenn sie sich noch so sehnlichst ein Kind wünschte.

Ebensowenig kann der Mann — obwohl er zeugungsfähige Samenzellen millionenweise in seinen beiden Hoden bereit hat, allein keinem Kind zum Leben verhelfen.

Ein Kind kann im Mutterleib nur der Geburt entgegenreifen, wenn im Eileiter Ei und Samenfaden zusammentreffen. Und diese vorausgehende Planung erreicht damit, daß jedes Baby, das zur Welt kommt, nicht nur eine Mutter sondern auch einen Vater von Anfang an hat. Könnten Frauen allein Kinder haben, fehlte vielen der Vater und könnten das Männer allein, müßten viele der Neugeborenen die Mutter entbehren.

13. Aber es gibt doch Kinder, die keinen Vater haben!

Aus dem vorausgegangenem Kapitel mußt Du eigentlich wissen, daß es kein Kind gibt, das keinen Vater hat. Ein Kind kann ja im Mutterleib nur heranreifen und geboren werden, wenn der Vater das mütterliche Ei mit seinen Samenzellen befruchtet hat. Und damit ist er — auch dem Gesetz nach — Vater geworden.

Aber natürlich gibt es Familien, in denen der Vater früh gestorben oder vielleicht bei der Arbeit oder mit dem Auto tödlich verunglückt ist, dann ist der Vater natürlich nicht mehr am Leben. Da hat es dann die ganze Familie schwer. Es fehlt der Ernährer, der das Geld nachhause bringt, das den Unterhalt der Familie sichert. Wenn die Rente nicht ausreicht, muß die Mutter in die Arbeit gehen und Geld verdienen. Die kleinen Kinder leiden unter einem solchen Zustand sehr. Sie müssen in einer Kinderkrippe und im Kindergarten untergebracht werden. Und auch die großen finden es nicht schön, wenn sie von der Schule nachhause kommen und niemand da ist, der eine Tasse Tee für sie kocht und ein Butterbrot streicht. Sie müssen früh selbständig werden. Wenn die Mutter heimkommt und müde ist, hat sie auch nicht viel Zeit für die Kinder. Sie muß für den nächsten Tag das Essen vorbereiten, Strümpfe stopfen, zerrissene Hosen flicken, muß nähen, waschen und bügeln und hat oft nur sehr wenig Zeit zu ihren Kindern zärtlich zu sein, was die dann sehr vermissen (und ihr hoffentlich nicht übel nehmen).

Freilich können die Kinder von sich aus vieles sehr zum Besseren wenden, wenn sie der Mutter beispringen. Buben können wie die Mädchen mitkochen, mitstopfen, mitnähen, beim Waschen und Bügeln helfen und ganz selbstverständlich das Geschirr spülen und die Wohnung aufräumen und in Ordnung halten.

Wenn sie so mit ihrer Mutter zusammenarbeiten, dann haben sie sie wenigstens neben sich, können mit ihr beim Arbeiten reden, sich mit ihr über die eigenen Sorgen und über die Sorgen der Mutter unterhalten und ihr auch — wenn es nötig ist — das bedrängte Herz ausschütten.

Die Mutter aber wird froh und glücklich werden, wenn sie sieht, wie sich ihre Kinder bemühen, ihr zu helfen, damit sie schneller fertig wird. Sie ist dann auch nicht mehr so verzweifelt, und vielleicht bleibt dann sogar noch ein Stündchen für ein lustiges Spiel oder zum Vorlesen. Auf diese Weise würde dann doch jeden Tag noch eine Stunde gemütliches Familienleben möglich werden.

Die zwei freuen sich, weil sie ihrer Mutter Freude machen.

Wo man nämlich die Mutter mit ihrer Arbeit in der Küche allein läßt, wird der Abend längst nicht so schön und befriedigend verlaufen. Mutter und Kinder werden sich einsam und verlassen vorkommen, werden traurig sein. Alle werden fühlen, daß sie viel entbehren müssen. Und der ganze Abend wird unfreundlich und langweilig bleiben. Kein glückliches Familienleben kann sich aufbauen, und man wird zum Schluß unerfüllt und unfroh ins Bett schlüpfen.

Natürlich können sich Eltern auch scheiden lassen, weil sie sich nicht so gut verstehen, wie sie vor der Ehe gemeint haben oder sich überhaupt nicht verstehen und vertragen und täglich miteinander streiten. Meist bleiben dann die kleinen Kinder sicher bei der Mutter und oft wollen auch die großen lieber bei der Mutter bleiben als mit dem Vater mitgehen. Da ein geschiedener Vater ein Vater bleibt, muß er — auch wenn er nicht mehr mit der Mutter zusammenlebt (und eventuell sogar eine andere Frau heiratet) — für seine Kinder solange finanziell sorgen, bis sie einen Beruf erlernt und vom eigenen Verdienst leben können. Außerdem muß er monatlich auch an die Frau eine vom Gericht bestimmte Summe zahlen, damit sie die Wohnungsmiete usw. bezahlen kann. Also haben auch diese Kinder einen Vater, der seinen Vaterpflichten nachkommen muß.

Vielleicht hast Du miterlebt, daß in Eurer Nachbarschaft ein niedlicher, kleiner Bub geboren wurde, obwohl seine Mutter noch ein Fräulein, also nicht verheiratet war und keinen Ehemann hat. Freilich können auch unverheiratete Frauen ein Kind bekommen. Aber auch ein solches Kind hat einen Vater, den nämlich, der das Ei von der Mutter befruchtet hat. (Allein hätte auch diese Mutter kein Kind gebären können.) Ich kannte eine solche junge Mutter. Sie hatte einen sehr netten zu ihr passenden Mann kennengelernt. Weil sie sich so gut verstanden, wollten sie heiraten. Sie verbrachten jede freie Stunde miteinander und hatten sich gegenseitig sehr, sehr lieb. Sie bereiteten schon die Hochzeit vor und als eines Tages gerade ein Ei im Eileiter der Gebärmutter zuwanderte, haben sie sich auch ein Kind bestellt. Allerdings wurde dann aus der Hochzeit nichts, da eines Tages der Mann mit dem Auto verunglückte und bald darauf im Krankenhaus starb. Das Kindchen wurde neun Monate nach der Zeugung ganz normal geboren. Natürlich hatte auch es einen Vater, aber der war leider noch vor der Hochzeit und Geburt gestorben, und so blieb die Mutter auch weiterhin eine unverheiratete Frau, und der Kleine hat seinen Vater nur auf Fotografien zu sehen bekommen.

Zuerst bereute die Mutter sehr, daß sie (mit dem Vater) ihr Kind schon vor der Hochzeit ins Leben gerufen hatte(n). Sie hat sich später nicht mehr verheiratet, aber freute sich sehr, als ihr kleiner Bub dem so früh verstorbenen Vater täglich ähnlicher wurde. Freilich mußte sie weiterhin zur Arbeit gehen, um das nötige Geld zu verdienen. Aber weil er ebenso freundlich und hilfsbereit und nett wie sein Vater und seine Mutter wurde, ihr gern in allen Dingen half, treu durch alle Schwierigkeiten zu ihr stand und ihr zudem auch täglich versprach, daß er ein tüchtiger Mensch werden wolle, um der Mutter ein schönes Leben bieten zu können, war sie innerlich froh, wenigstens nicht allein geblieben zu sein. Ich habe noch miterlebt, wie tüchtig der heranwachsende Bursch im Gymnasium war und zu den besten der Klasse gehörte. Dann hat die Mutter ein Häuschen in einer anderen kleinen Stadt von einer alten Tante geerbt und sie sind dorthin umgezogen, so daß ich nichts mehr von den beiden gehört habe. Aber ich glaube, daß er sein Versprechen hält. (Man kann also auch ohne Vater ein tüchtiger Mensch werden!)

In einem anderen Fall hatten sich ebenfalls ein junger Mann und ein junges Mädchen sehr ineinander verliebt. Sie gingen oft miteinander ins Kino, machten zu Zweit Ausflüge, gingen miteinander tanzen und sagten sich gegenseitig täglich, daß sie einander heiraten wollten, wenn die Berufsausbildung von ihm zuende gebracht sei. Auch sie haben in ihrer Liebe ein Kindchen miteinander gezeugt, weil sie ja bald heiraten wollten. Aber dann verzankten sie sich eines Tages so heftig, daß es — was niemand vorher gedacht hatte — plötzlich aus war mit ihrer Liebe. (Eigentlich war es nicht Liebe, sondern nur eine grenzenlose Verliebtheit.) Natürlich wurde nicht geheiratet. Das Kindchen — es war ein Mädchen — kam trotzdem zur Welt. Auch dieses Mädchen hat natürlich einen Vater — sogar lebend in der gleichen Stadt — und kennt ihn nicht, weil er sich weder um die Mutter noch um sein Kind kümmert und sie beide nicht mehr sehen will. Selbstverständlich wurde er vom Gericht verurteilt und muß jeden Monat an die Mutter eine Summe Geld schicken für das kleine Mädchen, zu dessen Geburt er ja auch mitgeholfen hat.

Normalerweise kommen Kinder bei einem Elternpaar zur Welt, das miteinander verheiratet ist. Nach deutschem Recht muß ein Mann, der seine Freundin (oder Braut) nicht geheiratet hat, obwohl er sie schwanger gemacht hat, für sein Kind sorgen. Die meisten Männer sind so anständig und tun das von sich aus. Sie wissen, daß das Kind ohne sie nicht lebte und schicken deshalb monatlich der Mutter eine Summe Geld, damit sie das kleine Kind ernähren und kleiden kann. Wenn wirklich ein solcher Vater, für das von ihm mitgezeugte Kind nicht bezahlen will, sorgen verschiedene öffentliche Einrichtungen dafür, daß er seine Vaterpflichten erfüllt. In besonderem Maße hilft einer solchen Mutter auch das Jugendamt. Es berät sie in Erziehungsfragen, verschickt das Kind, wenn das nötig ist, in Erholung und sorgt auch sonst, daß dem Heranwachsenden nichts fehlt.

Natürlich hat ein uneheliches Kind in unserm Staat dieselben Rechte, wie ein ehelich geborenes. Es kann genauso auf die Oberschule gehen. Es kann, wenn es tüchtig ist, genauso eine Spitzenstellung im Berufsleben erreichen. Bei uns entscheidet der persönliche Fleiß, die Tüchtigkeit, die Ehrlichkeit des Heranwachsenden. Sollte einer meiner Leser unehelich geboren sein, wird er froh sein, zu lesen, daß ihm das für sein Berufsleben keinerlei Schaden einbringt. Und doch haben mir viele ältere Mädchen und Buben erzählt, daß sie den Vater sehr entbehrt hätten. Deshalb solltest Du, mein Leser, ganz gleich ob Du ein Mädchen oder ein Bub bist, dir jetzt schon vornehmen, nicht vorschnell, aus einer Stimmung heraus, ein Kind ins Leben zu rufen. (Wir werden darauf noch an einer anderen Stelle zurückkommen.) Junge Leute haben oft Angst, sie könnten etwas versäumen, obwohl sie doch noch ein langes Leben vor sich haben. Ich meine, junge Menschen müssen vor allem das Wartenkönnen erlernen, dann kommt das Richtige zur rechten Zeit!

Aus dem gleichen Grund soll man auch das Heiraten nicht übereilen. Wenn ein junger Mann *heute* die Bekanntschaft eines jungen Mädchens macht, wäre er schrecklich dumm, wenn er sie *morgen* schon heiratet. Er muß doch erst das Mädchen noch viel gründlicher kennenlernen. Heiraten darf man nur, wenn man der Überzeugung ist, daß man ein ganzes Leben miteinander führen kann und zusammenhalten will im Glück und in schweren Tagen. Wenn das wirklich glücken soll, muß man schon sehr gut zusammenpassen. Und ob das der Fall ist, stellt sich nicht sofort heraus. Du hast das ja an den drei Geschichten gesehen, die ich Dir in diesem Kapitel erzählt habe.

Wenn man sich kennenlernt, gibt sich zuerst jeder große Mühe, dem anderen zu gefallen. Da zeigt man nur seine besten Seiten, ist freigebig, nachgiebig, freundlich und aufmerksam. Man zerbricht sich den Kopf, wie man dem andern eine Freude machen kann.

Wenn man sich länger kennt, gibt sich das wieder. Beide werden wieder so, wie sie wirklich sind, und nun kommt erst der wirkliche Mensch zum Vorschein. Den muß man sehen und kennenlernen. Wenn man dann noch meint, daß man ihn gern haben kann, dann darf man ihn heiraten und wird dann sicher auch in der Ehe keine Enttäuschungen erleben.

Deshalb sollte man sich auch zum Heiraten nicht zu schnell entschließen. Es ist gut, wenn man erst gemeinsam spart für die Wohnung und die Einrichtung. In der Zeit des gemeinsamen Sparens lernt man den zukünftigen Ehepartner besser kennen als beim gemeinsamen Tanzen oder Schilaufen. Dann weiß man, ob man zusammenpaßt und ob es eine gute, dauerhafte Ehe werden wird.

Wenn man sich zu schnell zum Heiraten entschließt, dann stellt sich oft erst nach der Hochzeit heraus, daß man nicht zusammenpaßt und sich nicht versteht. Das ist dann schlimm. Die Ehe zerbricht. Mann und Frau lassen sich wieder scheiden.

Sind dann schon Kinder geboren oder unterwegs, so verlieren auch sie Vater oder Mutter, je nachdem, wie der Scheidungsrichter entscheidet. Er kann die Kinder dem Vater zusprechen oder sie der Mutter belassen. Es kann auch sein, daß die Kleinen bei der Mutter bleiben und die Großen zum Vater kommen. Der Richter macht das nicht nach Gutdünken, sondern so, wie er meint, daß es für die Kinder am besten ist. Jede dieser Lösungen aber ist immer nur eine Notlösung, ein Notbehelf. Kinder brauchen ja den Vater ebenso wie die Mutter. Deshalb wäre es gescheiter gewesen, die Eltern hätten sich gegenseitig ernsthafter geprüft, ehe sie sich zur Heirat und zum Kinder-kriegen entschlossen.

Wenn Du selbst aus einer geschiedenen Ehe stammst, so sollst Du deswegen Deinen Eltern aber doch keine Vorwürfe machen. Vielleicht hat ihnen — als sie noch Kinder und junge Leute waren — niemand gesagt, daß es keine ganz leichte Sache ist, eine Ehe zu führen. Vielleicht wußten sie viel zuwenig von der Verschiedenheit der Menschen. Vielleicht hat man ihnen sogar dazu geraten und gesagt: Wenn man verheiratet ist, dann ist alles gut. Du weißt nun, daß das nur zutrifft, wenn man einen Menschen gefunden hat, zu dem man wirklich paßt.

Du hast es leichter.

Du weißt nun schon in Deiner Jugend, worauf es ankommt, und wirst deshalb mit wachen Augen prüfen.

An den Schluß dieses Kapitels passen zwei gute Vorsätze:

1. *Ich will vorsichtig sein und lange prüfen, ehe ich heirate.*
2. *Ein Kind will ich erst dann ins Leben rufen, wenn ich verheiratet bin.*

14. Ist es wahr, daß man das meiste von den Eltern erbt?

Das stimmt, bedarf aber noch einer Ergänzung.

Natürlich erbt man von den Eltern alles, was sie hinterlassen haben. Haben Deine Eltern ein Haus gebaut oder gekauft, so gehört es später einmal Dir und Deinen Geschwistern. Haben Deine Eltern in ihrem Leben viel Geld gespart, so wird es später unter Euch Geschwistern aufgeteilt. Ihr erbt die Möbel, die Kleider, die Bilder, die Fotos, kurz alles, was sie nach ihrem Ableben hinterlassen.

Zu dem, was Deine Eltern selbst gekauft, gespart und erworben haben, erbst Du und Deine Geschwister aber auch noch das, was Deine Eltern selbst wieder von ihren Großeltern geerbt haben. Hat Mutters Vater seiner Tochter (Deiner Mutter) ein Wochenendhaus im Gebirge hinterlassen und Vaters Vater (Dein väterlicher Großvater) Deinem Vater ein Grundstück vererbt, so wirst Du und Deine Geschwister es einmal erben, wenn sie es nicht noch vor ihrem Tod verkaufen.

Eltern können aber auch ein Testament machen und — außer der Regel — etwas anderes bestimmen. So kann Dein Vater — weil Du nicht gerne liest — seine Bücher einer Bibliothek »vermachen«. Er kann eine bestimmte Summe seines Ersparten seiner Heimatgemeinde als Zuschuß für ein neues Schulhaus vererben. Die Mutter kann ihrer altgewordenen Schneiderin einen Teil ihres Vermögens »vererben«, weil sie ihr immer so schöne Kleider genäht hat, als sie noch nähen konnte, usw. Ebenso könnte Deine Großmutter Dir, Ihrem Lieblingsenkel, im Testament eine Summe gleich direkt vererben, damit Du Dir gelegentlich einen Wunsch selbst erfüllen kannst.

Aber man erbt nicht nur den Besitz. Von den Eltern erbt man z. B. auch Körpermerkmale. Ist der Vater groß und sein

Sohn auch, so werden vermutlich die Leute sagen: »Das Großsein hat er von seinem Vater, der auch groß war oder noch ist.« Ob aber das Großwerden tatsächlich vom Vater ererbt wurde, ist nicht so sicher, wie die meisten Leute meinen. Fragt man nämlich, wie groß denn der Großvater gewesen sei und erfährt man, daß er und auch sein Vater (der Urgroßvater also) auch sehr groß waren, ist anzunehmen, daß Du, Dein Vater und Dein Großvater die Körpergröße vom Urgroßvater geerbt habt. Heutzutage wissen nur wenige Genaues von den Urgroßeltern und früheren Vorfahren, so daß sich in den meisten Familien nicht feststellen läßt, wem die Lebenden zum Beispiel ihre Körpergröße verdanken.

Ebenso geht es mit der Haarfarbe. Hat der Vater dunkle Haare und die Mutter ebenso, wird sich niemand wundern, wenn auch Du dunkle Haare hast. Erzählt aber die Mutter, daß Du als kleines Kind hellblond gewesen seist und erst nach und nach so dunkle Haare wie Deine Eltern bekommen hättest, müßte man eigentlich nachfragen, wer von den Großeltern und Urgroßeltern vielleicht blond war. Sicher würde man auf einen vereinzelten unter den Vorfahren stoßen, der blond war und Dir Dein anfängliches Blond bescherte, das aber schließlich der von den Eltern ererbten Haarfarbe weichen mußte. Ist die väterliche Linie hellblond und die mütterliche dunkel, so können in der Familie blonde und dunkelhaarige Kinder heranwachsen und vielleicht sogar braunhaarige (eine Mischung aus den beiden Elternhaarfarben). Man erbt nicht nur von den Eltern, sondern auch von den Vorfahren von Mutter und Vater.

Man erbt die Augenfarbe, die Körpergestalt, die Art der Muskulatur, die Kopfform, die Form der Nase und unendlich viele kleine körperliche Einzelheiten. Oft werden sie erst mit dem Älterwerden sichtbar und es ist manchmal geradezu unglaublich, wie Kinder ihren Eltern im Erwachsenenalter immer ähnlicher werden. Aber es kann auch sein, daß der Bub dem Großvater mehr ähnelt als dem Vater und die Tochter allmählich das Aussehen der alten Großtante annimmt, von der man noch ein Foto im Album hat. Jedenfalls ist es eine Wissenschaft, festzustellen, von wem wir im körperlichen Aussehen Typisches geerbt haben. Im Grunde ist das eigentlich gar nicht so sehr wichtig.

Man erbt aber nicht nur körperliche Ähnlichkeiten und Merkmale, sondern auch geistige Fähigkeiten und sogenannte Begabungen von den beiden Eltern und deren Vorfahren. Hast Du zum Beispiel einen musikalischen Vater (der das vielleicht auch von seinen Vorfahren geerbt hat), aber auch eine unmusikalische Mutter, so hast Du die Chance vom Vater das »Musikalisch-Sein« oder von der Mutter das »musikalische Uninteressiertsein« geerbt zu haben. Freilich kann ein Musikalisch-Begabter keineswegs wunderbar Geige oder Klavier spielen oder gar eine Oper komponieren. Aber ein Musikalisch-Begabter kann es auf musikalischem Sektor weit bringen, wenn er gern und tüchtig übt, in Konzerte geht usw. Ähnlich ist es mit einer zeichnerischen Begabung oder mit einer ererbten mathematischen Begabung. Wer auf Grund einer ererbten Begabung mit Begeisterung arbeitet, wird es zweifellos weiterbringen als einer ohne eine solche Begabung.

Solche Anlagen oder Begabungen sind ererbte Geschenke von den Eltern und beider Vorfahren. Allerdings bewirken sie ohne Fleiß und Interesse noch keine Hochleistungen. Zur überraschenden Blüte kommen sie nur durch ernsthaftes Mühen und Arbeiten.

Andererseits gibt es keine Völlig-Unbegabten. Wir haben alle unendlich viele Vorfahren und jeder von ihnen hat uns mindestens eine kleine Anlage vererbt, so daß wir alle in uns eine große Zahl von Begabungen mitbekommen haben, die keiner von uns alle entwickelt und zur Entfaltung bringt. Oft ist einer musikalisch sehr begabt, wächst in einer Kaufmannsfamilie auf und interessiert sich für geschäftliche Details, arbeitet beim Vater schon früh im Geschäft mit und wird deshalb ein erfolgreicher und tüchtiger Geschäftsmann. Seine musikalische Begabung läßt sich vielleicht nur darin feststellen, daß er gelegentlich gern einmal in ein Konzert geht.

Aber wie werden denn diese geistigen und künstlerischen Begabungen weitergegeben? Das gesamte Erbgut körperlicher und geistiger Art vermittelt die Mutter in ihrem winzigen Ei und der Vater in dem noch viel winzigeren Kopf seines Samenfadens ihrem Kind. Hätte das die Wissenschaft nicht unwiderleglich nachgewiesen, könnte man das kaum glauben. Ei und Samenfaden enthalten im Inneren einen sogenannten Zellkern, indem das Erbgut der Vorfahren bereitliegt, um bei der Verschmelzung von Ei und Samenfaden dem Kind auf seinen Lebensweg mitgegeben zu werden. Das ist so wunderbar, daß es mit unserm Verstand fast nicht begriffen werden kann.

Wenn Du jetzt vielleicht sagst: »Offenbar habe ich unter meinen vielen Vorfahren keinen einzigen gehabt, der gut rechtschreiben konnte. Ich mache bei allen Diktaten immer wieder viele Rechtschreibfehler, obwohl ich das nicht möchte. Immerhin bin ich jetzt froh, erfahren zu haben, daß das an meinen Vorfahren liegt. Ich bin also daran nicht »schuld«. Ich werde es meinem Vater sagen, daß er nun nicht mehr sagen darf, ich sei nur leichtsinnig!«

So einfach ist das nun auch wieder nicht. Habe ich nicht schon gesagt, daß sogar Musikalisch-Begabte keineswegs ein Instrument spielen oder Notenschrift ohne jede Übung lesen können. Auch für einen solchen Begabten ist nötig, daß er Fingerübungen macht, die Notenschrift erlernt, zuhört, wenn andere Musik machen usw. »Ein Meister« — sagt das Sprichwort — »fällt nicht vom Himmel«! Und ich füge hinzu: »Auch nicht, wenn er begabt ist. Auch ein Begabter muß üben und arbeiten, wenn er ein Meister, das heißt ein hervorragender Musiker werden will. Und wie ist es dann mit dem Rechtschreiben? Die Fähigkeit dazu wird nicht vererbt. Freilich lernen es die einen schneller und die andern etwas langsamer (vielleicht weil es sie weniger interessiert als Fußballspielen). Auch das Rechtschreiben lernt man — wenn man sich dafür innerlich interessiert, totsicher. Das wissen die nicht, die glauben, sie seien dafür nicht begabt.

Begabungen muß man nutzen, und dazu noch in der richtigen Weise und auf dem richtigen Gebiet. Man kann von ihnen einen guten oder schlechten Gebrauch machen. Auch davon noch ein Beispiel (aber nicht zum Nachmachen): Wer ein erfolgreicher Dieb oder Einbrecher werden möchte, muß zweifellos sehr intelligent sein (Dumme erwischt die Polizei schon beim ersten Versuch). Aber, wer intelligent ist, braucht natürlich nicht ein Dieb oder Einbrecher zu werden. Er kann sich einen ihm liegenden, vernünftigen und erfolgreichen Beruf wählen, sich darin vorwärts arbeiten und wird dann wahrscheinlich auch viel Geld verdienen (und braucht keine Angst vor der Polizei zu haben). Es kommt also in jedem Fall darauf an, daß man aus seinem Erbgut das Richtige macht, so daß man ein geschätzter Mensch und Mitarbeiter in unserm Land wird. Irgendwie stimmt es schon, wenn es heißt: »Jeder ist seines eigenen Glückes Schmied!«

Da wir alle eine große Menge von ererbten Möglichkeiten haben, können wir auch nicht — wie manche meinen — nur *einen* Beruf erlernen, nämlich den, für den wir begabt sind. Manche gehen deshalb zu einem Psychologen und sagen: »Bitte testen Sie mich, für welchen Beruf ich geeignet bin. Ich kann keine besonderen Begabungen an mir feststellen!« Nach der Testung stellt sich — oft zur Enttäuschung des Getesteten — heraus, daß der junge Mann zu vielen verschiedenartigen Berufen begabt ist und erfährt günstigenfalls noch ein paar Begabungen, von denen er bisher überhaupt nichts wußte.

Es gibt viele Begabungen, die in uns ruhen, oder besser gesagt, schlafen. Gelegentlich werden Begabungen sichtbar, wenn sich das bisherige Leben so entscheidend ändert, daß neue

Fähigkeiten wichtig werden, weil dann auf einmal eine solche schlafende Begabung geweckt, erwacht und wirksam wird. Die nächsten Bekannten wundern sich: »Das hätte von uns allen keiner für möglich gehalten, daß der verwöhnte und verpeppelte Sohn, nun, nach dem plötzlichen Tod des tüchtigen Vaters, zu solch überlegten Entschlüssen und Handlungen fähig sein und begabt sein würde.«

Solange er sich vor allen Anstrengungen drückte und allen Schwierigkeiten aus dem Wege ging, schliefen seine guten Anlagen ungeweckt und friedlich in ihm (und wurden deswegen auch für die Menschen seiner nächsten Umgebung nicht sichtbar). Sie wurden natürlich auch nicht geübt und geschult, konnten sich selbstverständlich auch nicht erfolgreich auswirken. Erstaunlich ist — und auch tröstlich — daß solche schlafenden Anlagen auch späer noch geweckt werden können.

Einfacher freilich wäre es für Dich, wenn Du sie nicht allzu lang ungeweckt weiterschlafen ließest. Die Entscheidung liegt bei Dir.

15. Wie kommt es zur Befruchtung des weiblichen Eies?

Zuerst wiederhole ich, was Du schon in früheren Kapiteln mitgeteilt bekommen hast.

Du weißt, daß Frau und Mann verschiedene Geschlechtsorgane haben.

Die Frau hat an der Stelle, an der die Beine aus dem Bauch herauswachsen den Scheideneingang. Er führt in die Scheide und durch den Gebärmutterhals in die Gebärmutter. In die Gebärmutter münden links und rechts zwei dünne Schläuchelchen von 20 cm Länge, die beiden Eileiter. Sie sind die Verbindungsgänge zu den beiden Eierstöcken. In jedem der Eierstöcke liegen (schon von der Geburt an) Tausende von Eier bereit. Von der Geschlechtsreife ab reift jeden Monat (einmal im linken und das nächste Mal im rechten Eierstock) eine Eizelle aus, verläßt den Eierstock und wandert im entsprechenden Eileiter der Gebärmutter zu. Du weißt, daß das winzige Ei zu dem kurzen Weg etwa 5 bis 8 Tage benötigt. Da aber das Ei nur etwa 8 Stunden lang lebensfähig bleibt, stirbt es — wenn es unbefruchtet bleibt — schon im Eileiter, ehe es die Gebärmutter erreicht.

Die Geschlechtsorgane der Frau sind darauf vorbereitet ein Kind ins Leben zu rufen. In ihnen reift das Ei heran, macht sich auf den Weg zur Gebärmutter. In ihr könnte es mit Nahrung und Atemluft versorgt werden und es könnte in den neun Monaten Schwangerschaft beschützt und in gleichbleibender Wärme zu einem geburtsfähigen Baby heranwachsen. Wie Du aus Kapitel 6 weißt, vermag sich die Gebärmutter bei der Geburt zusammenzuziehen und der Gebärmutterhals und die Scheide können sich so elastisch dehnen, daß das kleine Baby sich selbst den Weg ins Freie bahnen kann. Trotzdem können ein geschlechtsreifes, junges Mädchen und die Frau allein keinem Kind das Leben schenken, weil sie eines nicht können: das Ei befruchten.

Der Mann hat an der gleichen Stelle des Körpers — an dem die Frau den Scheideneingang hat — den Penis. Der ist meistens weich, kann aber gelegentlich steif und dabei größer werden. (Warum das so ist, weißt Du noch nicht, wirst es jedoch in diesem Kapitel erfahren.) Außerdem hat er im Hodensack die beiden Hoden, in denen millionenfach Samenfäden wachsen und in ihnen und in den beiden Nebenhoden aufbewahrt werden. Außerdem weißt Du, daß sich die übervollen Nebenhoden und Hoden nach Erreichung der Geschlechtsreife ab und zu etwas entlasten — um wieder Platz für nachwachsende Samenzellen zu schaffen — und in einer sogenannten Pollution Hunderttausende oder gar ein paar Millionen von ihnen losschicken. Sie gelangen durch den Penis ins Freie.

Die männlichen Geschlechtsorgane können kein Ei bereitstellen, haben keinen Raum, in dem ein Baby heranwachsen könnte, könnten es auch nicht ernähren und mit Atemluft versorgen und könnten auch keinen Geburtsweg zur Verfügung stellen. Genau bedacht können sie nur eines, und zwar das, was die weiblichen Geschlechtsorgane nicht können: sie können das Ei mit Samenfäden befruchten, und zwar können sie das im Eileiter, so daß das Ei *nicht* sterben muß, also weiterleben kann, die Gebärmutter erreicht, sich in die gut durchblutete Haut der Gebärmutter einnisten und in dem Nest sich zu einem Kind entwickeln kann, wie Du das ja schon weißt.

Vielleicht hast Du schon gehört, was geschehen muß, daß das möglich wird. Wenn Du noch nichts weißt, wirst Du es jetzt erfahren. Vielleicht mag Dir was Du nun erfährst, etwas befremdlich vorkommen, aber wenn Du weiterliest, und siehst, wie sich daraufhin alles weiterentwickelt, wirst Du verstehen, daß es richtig ist, was da geschieht, ja überhaupt gar nicht anders sein kann. Und wenn wir Menschen in der langen

Zeit, in der es schon Menschen gibt, bis heute noch nicht ausgestorben sind, so liegt das daran.

Wenn beide Eltern sich für ein erstes Kind (oder für weitere Kinder) entschlossen haben, gehen sie miteinander zu Bett und kuscheln sich nackt aneinander. Dabei wird der Penis des Mannes hart und steif. Die Buben haben das schon in der Kindheit erlebt. Bei ihnen war das sozusagen nur eine Probe, ob der Penis sich so entwickelt hat, daß er sich nach Beginn der Geschlechtsreife zur Befruchtung der Eizelle versteifen kann.

Bliebe das Glied so weich, wie es das normalerweise fast immer ist, so könnte es den Scheideneingang nicht aufdrücken und nicht tief in die Scheide eindringen, was zur Befruchtung nötig ist (wie Du gleich sehen wirst).
Es ist also weise vorbedacht und eingerichtet, daß der Penis weich ist und doch hart und steif werden kann.
Ebenso wunderbar und vorausbedacht ist, daß der Scheideneingang und die Scheide selbst weich und dehnbar sind, so daß sich beide an Größe und Dicke des eindringenden Penis anpassen können.

Der Penis wird an den Scheideneingang gebracht und schiebt sich langsam und vorsichtig in die Scheide hinein, fast bis dahin, wo der Gebärmutterhals zur Gebärmutter führt. Und nun geschieht wieder etwas Merkwürdiges:

Da die Haut der Eichel (der Kopf des Penis) mit vielen Empfindungsnerven ausgestattet ist, können diese Nerven den Nebenhoden und Hoden melden, daß der Penis gerade in die Scheide eingedrungen ist.

Auf diese Meldung hin schicken Nebenhoden und Hoden ein paar Millionen Samenzellen auf den Weg, den ich in Kapitel 11 beschrieben habe. Diesmal kommt es zu einem Samenerguß im Innern der Scheide, nahe am Gebärmutterhals.

Es muß ein ungeheures Gewimmel entstehen, wenn die Millionen Samenzellen zu zappeln anfangen und sich mit ihren fadenförmigen Schwänzchen vorwärtsrudern wollen. Merkwürdigerweise wissen diese kleinen Samenfäden in welche Richtung sie schwimmen müssen. Sie schlängeln sich nebeneinander, hintereinander und sich überholend durch den Gebärmutterhals in die Gebärmutter, durchsuchen in ihr jeden Winkel und entdecken dabei die Einmündungen der beiden Eileiter. Die Hälfte der vielen rudert in den linken und die anderen in den rechten Eileiter hinein. Jeder von den Millionen Samenzellen hat nur das Ziel, das Ei aufzufinden und zu befruchten.

Wieder ist es gut, daß sich Samenfäden beträchtlich schneller vorwärts bewegen können als das Ei. Das muß man sehr bewundern, da man weiß, daß ein Samenfaden nur ein Tausendstel Millimeter groß ist.

Wenn man dazu überlegt, daß auf eine einzige Eizelle mehrere Millionen Samenfäden losgeschickt werden, so scheint das doch eine erhebliche Verschwendung an Samenzellen. Jedoch gehen eine Menge von ihnen auf dem Wege zur Eizelle zugrunde. Stoßen sie zum Beispiel schon in der Harnröhre des Mannes noch auf Urinreste, so bedeutet das für sie den Tod. Auch in der Scheide sterben viele, ebenso in der Gebärmutter.

Du ahnst, daß unter den Überlebenden (die noch immer in großer Zahl da sind) der Flinkeste und Findigste von denen, die in den richtigen Eileiter hineingerudert sind, das gesuchte Ei endlich findet. Er bohrt sofort seinen Kopf in die weiche Ei-Haut hinein und mischt den Inhalt seines Kopfes mit dem Ei-Inhalt. Beide verschmelzen miteinander. Damit ist die Befruchtung vollzogen. (Man kann auch sagen: Damit ist die Zeugung vollzogen.) Das Ei stirbt nicht. Es lebt und wandert langsam weiter.

Merkwürdigerweise verwandelt sich die weiche Ei-Haut sobald der erste Samenfaden sie durchbohrt hat und wird zäh und undurchdringlich. Kein einziger der sehr rasch nachkommenden Samenfäden vermag mehr ins Innere der Eihülle einzudringen und sich schon gar nicht mit dem Zellkern zu verschmelzen. Alle, die ihr Ziel nicht erreichten, zappeln und schwimmen weiter, werden schließlich müde, sterben nach etwa 24 Stunden und lösen sich spurlos in nichts auf.

Das befruchtete Ei aber wandert langsam im Eileiter weiter, als sei nichts geschehen. In seinem Inneren dagegen geht es lebhaft zu, die Entwicklung hat schon eingesetzt. Die ererbten Anlagen und Begabungen werden eingeordnet. Die Entscheidung fällt, ob nach neun Monaten Schwangerschaft ein Mädchen oder ein Bub geboren wird. Die körperlichen Erbmerkmale, wie zum Beispiel Körpergröße, Haarfarbe usw. wird schon festgelegt, während es sich langsam auf die Gebärmutter zubewegt und sie tatsächlich erreicht.

Das befruchtete Ei nistet sich in die gut durchblutete Innenhaut der Gebärmutter ein, schickt eine kleine Wurzel in sie, um sich mit Nahrung und Sauerstoff zu versorgen. Aus dieser Wurzel wird später die Nabelschnur. Die Aufgaben der Nabelschnur sind Dir bereits bekannt. Aus dem kleinen Ei entwickelt sich in neun Monaten ganz allmählich das 50 cm große Baby, als das es geboren wird. In den ersten drei Monaten heißt man den Menschenkeim, der noch gar nichts Menschenähnliches hat, »Embryo«. Nach etwa einem Monat ist der Embryo etwa 3 Millimeter groß und sieht einer Raupe ähnlich. Nach sechs Wochen nun 4 mm lang, kann man immer noch nicht Kopf und übrigen Körper unterscheiden. Arme und Beine sind auch noch nicht vorhanden. In der 8. Woche 1½ cm groß, bilden sich kurze Armstummel. Mit dem Alter von 9 Wochen ist er schon 3 Zentimeter groß und weil das Gesicht nun schon menschenähnlicher geworden ist, nennt man ihn »Fetus«. Die Armstummeln haben inzwischen Hände mit Fingern bekommen, die schon greifen und auch die inzwischen ausgebildeten Füße versuchen ab und zu zu strampeln. Aber noch immer ist der Kopf halb so groß wie der ganze Fetus. M $4^{1}/_{2}$ Monaten mißt er schon 20 cm. Man hat beobachtet (mit dem Röntgenapparat), daß der Fetus dieses Alters schon ab und zu am Daumen lutscht wie ein Baby. Mit $5^{1}/_{2}$ Monaten ist er wieder um 10 cm gewachsen. Das Wachstum betraf diesmal mehr den Körper, so daß nun der Kopf nur noch ein Drittel der Körperlänge ausmacht. Die restliche Zeit der Schwangerschaft wird der Fetus nur noch wenig größer und schwerer. Menschenähnlicher braucht er nicht mehr zu werden, weil er das schon ist.

Nun ist die Frage über dem Kapitel 15 beantwortet. Jetzt verstehst Du, warum die Geschlechtsorgane der Frau anders als die des Mannes sind, ja sein müssen. Du siehst nun ein, daß es deshalb ganz richtig ist, daß die männlichen Geschlechtsorgane außen angebracht und die weiblichen nach innen gestülpt sein müssen. Keiner von beiden — weder Frau noch Mann — könnte allein ein Kind ins Leben rufen, nur bei ihrem Zusammenwirken, beginnt sich eines im Leib der Mutter zu entwickeln. Freilich muß gesagt werden, daß die Mutter den Hauptanteil hat, wenn ein Kind zur Welt kommen soll und tatsächlich zur Welt kommt. Aber es ist schließlich auch wieder gut, daß der Mann — wenn die Frau wegen einer Schwangerschaft weniger arbeiten kann — körperlich davon nicht betroffen ist, und arbeiten und verdienen, und wohl auch im Haushalt und beim Einkaufen zugreifen kann, damit es der Frau und der Familie an nichts wichtigem fehlt.

Wenn Du nun meine Leserin oder mein Leser vor mit sitzen würdest, würde ich gern fragen, wann Du Dir denn ein erstes Kind wünschen wirst.

Ich weiß, Du würdest loslachen und sagen: »Daran denk ich wirklich nicht. Ich will zuerst meine Schulzeit und meine Berufsausbildung hinter mich bringen. Wenn ich auch gern einmal mit einer Gruppe von Mädchen und Burschen zusammenbin, Ausflüge mache, zum Baden gehe usw., so will ich mir doch noch Zeit lassen mit dem Heiraten, meine ich. Wenn ich wirklich jemand finde, mit dem ich mich besonders gut verstehe, dann müssen wir uns eine passende Wohnung suchen, gemeinsam eine nette Einrichtung und womöglich einen kleinen Wagen ersparen, ein paar schöne Reisen miteinander machen und dann vielleicht auch an ein erstes Kind denken. Ein paar Jahre später noch an ein zweites, weil ich meine, ein Kind sollte nicht ohne ein Geschwisterchen aufwachsen.«

Dieser Plan scheint mir ausgezeichnet. Aber ich glaube, er ist nicht ganz so planmäßig durchzuführen, wie Du Dir das in Deinem jetzigen Alter ausdenkst.

Darüber mehr im nächsten Kapitel.

16. Eine zusätzliche Aufklärung über Dich selbst

Du meinst, wenn Du Dir einen Plan ausgedacht hast, so kann Dich nichts hindern, ihn planmäßig durchzuführen. Ich wünsche Dir von Herzen, daß Dir das gelingt.

Dazu muß ich Dir nun noch etwas mitteilen, das manchen jungen Mädchen und manchen jungen Burschen Schwierigkeiten beschert, wenn sie davon nichts wissen und deshalb darauf nicht vorbereitet sind.

Wenn sie 17, 18, 19 Jahre alt werden, wächst in ihnen allmählich — beim einen etwas früher, beim andern später — ein Sehnen nach dem andern Geschlecht. Das Mädchen sehnt sich — auch wenn es eine oder mehrere Freundinnen hat, mit denen es sich über alles aussprechen kann — nach einem männlichen Freund. Und dem jungen Mann bedeuten auf einmal seine Bade-, Fußball-, Sport- und Bergsteigfreunde nicht mehr so viel wie früher. Er geht zwar mit dem einen noch zum Baden und Schwimmen, sportelt mit den andern und macht auch mit seinem Bergfreund immer noch hin und da eine Bergtour, aber daneben schaut er vorübergehende junge Mädchen plötzlich viel aufmerksamer an und möchte eine Freundin finden, die zu ihm paßt, auch wenn er noch nicht im geringsten an Heiraten und etwa gar an Kinder denkt. Er möchte sich mit einem Mädchen unterhalten, möchte mit ihr spazierengehen, möchte ihr gefallen, sie oft sehen und sich mit ihr öfter als mit seinen Freunden verabreden. Auf einmal kommt ihm das bisherige Leben langweilig vor und er meint, mit einer Freundin wäre es interessanter und schöner. Und woher, meinst Du, kommt dies?

Das bewirkt in Mädchen und Burschen der sogenannte Geschlechtstrieb. Hätten wir ihn nicht in uns, würden sich Mädchen nicht mit Burschen, und Burschen sich nicht mit Mädchen abgeben, oder sich gar nach ihnen sehnen. Mit dem Erwachsenwerden entsteht dieser Trieb in jedem jungen Menschen und deshalb kommt es schließlich dazu, daß der junge Mann dieses Alters eines Tages — trotz innerer Scheu — ein Mädchen, das ihm gefällt, anspricht und sie ein Stück Wegs begleiten möchte. Gefällt er ihr auch, wird sie sich darüber freuen. Gefällt er ihr nicht, wird sie das ablehnen und ihn stehen lassen. Kommt es zu einer Freundschaft zwischen den beiden, werden sie sich oft treffen, miteinander spazierengehen usw.

Bemerken das ihre Freundinnen oder seine Freunde, werden sie spöttisch sagen: »Jetzt hat sie sich oder er sich verliebt!« Aber nach nicht zu langer Zeit werden sich die Freundinnen von ihr und die Freunde von ihm ebenfalls verlieben. In Deinem Alter kann man sich das noch nicht vorstellen, aber natürlich wird das auch bei Dir ebenso passieren.

Das Verlieben ist etwas Schönes, an das auch Deine Eltern noch gern zurückdenken.

Allerdings kann sich das Verliebtsein bei manchem jungen Mann so steigern, daß er an gar nichts anderes mehr denkt. Er arbeitet nicht mehr richtig. Er verschwendet sein ganzes Taschengeld an das Mädchen, um ihm zu imponieren und zu gefallen. Geht er noch zur Schule, schwänzt er sie vielleicht. Er verkracht sich mit den Freunden, läßt sich von Mutter und Vater nichts mehr sagen. Freilich, das ist schon eine übertriebene Verliebtheit.

Von ihr kann allerdings auch das Mädchen befallen werden. Auch es kann so verliebt sein, daß es alle seine Verpflichtungen vergißt und alle Ratschläge in den Wind schlägt. In diesem krankhaften Verliebtsein-Zustand kann es dann alle Vorsätze vergessen und die Grenzen überspringen, die uns Scham und Anstand setzen. Weil das Mädchen alles schön und richtig findet, was der junge Mann sagt und verlangt, so kann es in einem solchen Zustand sogar dazukommen, daß beide miteinander ein Kind ins Leben rufen, obwohl sie beide noch gar nicht so weit sind, daß sie es versorgen können. Das ist dann schlimm für die beiden und schlimm für das Baby, weil meistens eine solche übertriebene Verliebtheit überdies meist nicht sehr lange dauert.

Ich wollte Dir das doch noch sagen, damit Du — ob Du nun ein Mädchen oder ein Junge bist — in dieser kommenden Zeit nicht auch Dummheiten machst. Die allermeisten jungen Leute bringen das durchaus fertig.

Aufpassen muß besonders jeder junge Mann, weil er vom Geschlechtstrieb mehr und heftiger und drängender in Spannung versetzt wird. Daher ist für ihn die Gefahr größer, daß er innerlich nachgibt und vielleicht neugieriger wird. Buben und Burschen neigen ja schon von Natur her mehr zu unüberlegten Waghalsigkeiten und denken gewöhnlich kaum über die Folgen nach. Aus diesem Grunde sind sie oft auch auf dem geschlechtlichen Gebiet nicht so beherrscht und überlegt, wie sie sein sollten. Vielleicht hilft das kleine Buch mit, daß sie nun etwas verantwortungsvoller denken und handeln.

Mädchen sind von dem geheimnisvollen Trieb weniger bedrängt und können deshalb besser aufpassen, daß es in der ersten Verliebtheit nicht zu verfrühten geschlechtlichen Versuchen kommt. Jedes Mädchen sollte darüber nachdenken, daß es selbst dabei ein viel größeres Risiko eingeht als der junge Mann.

Ob man wirklich zusammenpaßt und vielleicht zusammengehört, wird sich erst nach einer langen Bekanntschaft zeigen. Deshalb sollst Du Dir noch Zeit lasssen.

Ich hätte Dir gern noch mehr über das Gebiet des Geschlechtlichen erzählt. Aber dann hätte es ein viel dickeres Buch werden müssen und vieles in diesem Buch hätte Dich auch noch gar nicht interessiert. Ich habe deshalb eine Fortsetzung zu diesem kleinen Buch geschrieben. Es ist auch im Reinhardtverlag, München/Basel, erschienen, kostet DM 11,80 und wendet sich an Mädchen und Jungen, die mindestens 14 Jahre alt sind. Wenn Du also 14 oder 15 Jahre geworden bist, kannst Du es Dir von Deinen Eltern wünschen oder selbst in einer guten Buchhandlung kaufen (oder, wenn es nicht vorrätig ist, bestellen). Es heißt: »Zwischen 14 und 18« (Informationen über sexuelle und andere Fragen des Erwachsenwerdens). Das also für später.

17. Nun noch eine ernste Warnung

Sicher hast Du auch schon einmal von Sittlichkeitsverbrechern gehört. Das sind krankhaft veranlagte Menschen (sehr selten Frauen, meistens entweder junge oder schon ziemlich alte Männer). Sie sehen nicht wie Verbrecher aus, sondern genauso wie andere Leute. Besonders nett, teilen sie Bonbons aus, versprechen Interessantes zu zeigen, um Mädchen oder Buben zum Mitgehen oder Mitfahren zu verlocken.

Ungewarnte Kinder lassen sich in einen Keller, einen Wald oder sonst an einen menschenleeren Ort bringen, wo keiner zu Hilfe kommen kann, wenn das Kind schreit, falls etwas Schlimmes passiert.

Vor ein paar Jahren hat ein 16jähriger Lehrling einen Buben auf einem Rummelplatz angesprochen, hat ihm ein Eis bezahlt und ihn zum Mitfahren im Auto eingeladen. Er erzählte, er wisse eine Höhle, die in einen Berg hineinginge und in der ein wertvoller Schatz vergraben sein solle. Wenn sie den Schatz finden sollten, wollten sie ihn teilen. Der angesprochene Bub war sofort bereit mitzufahren und mit dem Lehrling den Schatz zu suchen. Sie kamen zu einem Berg und tatsächlich führte eine Höhle ins Innere des Berges. Die beiden gingen hinein. Der junge Mann zündete eine mitgebrachte Kerze an. Dann war er plötzlich verändert und wurde gewalttätig. Der Verbrecher fesselte den Buben, zog ihm die Kleider aus und mißhandelte und tötete ihn.

Die Eltern warteten auf ihren Buben. Die Polizei durchsuchte Wälder und Anlagen. Die Freunde wurden befragt. Aber niemand wußte etwas mitzuteilen. Erst ein Jahr später kam das ganze auf, weil ein anderer Bub, der mitgegangen war, dem jungen Mann entkam und zur Polizei lief. Natürlich wurde nun der Mörder gefunden. Den toten Buben aber konnte niemand mehr lebendig machen.

Du sollst Dir nun überlegen, ob Du wohl mitgegangen wärst, wenn sich ein solcher junger oder auch älterer Mann an Dich gewandt hätte und Dich zu einer Schatzsuche aufgefordert hätte. Jetzt, nachdem ich Dir diese wahre Geschichte von einem solchen Sittlichkeitsverbrecher erzählt habe, wirst Du hoffentlich auf einen solchen Menschen nicht hereinfallen.

Sei also nicht so vertrauensselig und geh auf keinen Fall mit einem Fremden, selbst wenn er noch so freundlich ist, Dir Bonbons schenkt oder Dir etwas Schönes verspricht. Ein solcher Mann kann Dich auf dem Spielplatz ansprechen, auf dem Schulweg oder auch auf dem Rummelplatz. Buben werden oft auch in einem Pißort angesprochen und in ein Gespräch verwickelt. Geh nicht mit und laß Dich auch nicht in ein Auto zerren. Wenn Du Verdacht schöpfst, schrei so laut Du kannst! Sittlichkeitsverbrecher wollen nicht auffallen und laufen gewöhnlich sofort weg, wenn ein Kind schreit und um Hilfe ruft.

Faßt Du einen Verdacht, wenn ein Mann oder eine Frau zu einem andern Kind sehr freundlich sind, ihm Bonbons schenken und es zum Mitgehen auffordern, so hole einen Polizisten herbei. Schau Dir den Verdächtigen genau an, damit Du ihn beschreiben kannst. Was hatte er für einen Anzug an? War er größer oder kleiner als Dein Vater? Trug er eine Brille? Was hatte er für eine Haarfarbe? Wenn Du solche Kennzeichen angeben kannst, wird man den Sittlichkeitsverbrecher erwischen und damit dem andern Kind ein solches unerfreuliches Vorkommnis ersparen. War der Mann oder die Frau, die das Kind zum Mitgehen überredeten, kein Sittlichkeitsverbrecher, so wird sich das schnell herausstellen. War es aber einer, so hast Du dem Kind vielleicht das Leben gerettet!

18. Gute Wünsche zum Buchschluß

Nun hast Du das kleine Buch ganz ausgelesen. Ich hoffe, Du hast alles gut verstanden, was ich für Dich aufgeschrieben habe. Es ist die offene Antwort auf die Frage: »Woher kommen die kleinen Buben und Mädchen?« Nun weißt Du Bescheid. Damit bist Du ein großes Stück klüger und reifer geworden und hast begriffen, daß es sich bei all dem nicht um unsaubere Dinge handelt, sondern um natürliche und für Dich lebenswichtige in Deiner Zukunft.

Du weißt nun, wie kleine Kinder entstehen, wie sie in der Gebärmutter der Mutter heranwachsen, wie sie geboren werden und dann noch lange gepflegt, behütet, angeleitet und erzogen werden müssen. Du verstehst nun auch warum die Mädchen (wie die Frauen) und die Buben (wie die Männer) verschiedene Geschlechtsorgane haben und wie sie sich in ihrer Verschiedenheit gegenseitig ergänzen. Ich denke, daß Dir aufgegangen ist, wie sinnvoll und tatsächlich wunderbar von der menschlichen Natur her alles vorgesehen ist.

Ich rate Dir, Dein neues Wissen nicht gleich in alle Welt hinauszuposaunen. Das wäre doch nur Angeberei. Ihr werdet ja sicher auch bald in der Schule darüber reden und Du kannst dann dabei Dein Wissen unter Deinen gleichalten Schulkameraden kundtun. Mit jüngeren Kindern solltest Du nicht darüber sprechen, weil sie vermutlich noch nicht alles richtig verstehen können. Wenn sie dann auch lesen können, kannst Du ihnen Dein Buch leihen.

Vielleicht wirst Du gelegentlich auf eine Mitschülerin oder einen Mitschüler treffen, die über die sexuellen Zusammenhänge spotten und Witze darüber reißen. Vielleicht kannst Du einem solchen Mädchen oder Buben Dein Buch auch für kürzere Zeit leihen, um ihnen zu mehr Verständnis zu verhelfen.

Und nun noch einen persönlichen Rat für Dich selbst: Lies Dein Buch in einem halben Jahr und vielleicht in einem weiteren halben Jahr noch einmal durch. Ich weiß, das tust Du mit großem persönlichen Gewinn. Weil Du zu dieser Zeit wieder um ein Stück verständiger und reifer geworden bist, wirst Du — zu deinem Erstaunen — viel mehr herauslesen und verstehen, als beim ersten Durchlesen.

Und nun: *»Alles Gute für Deine Zukunft!«*

Kurt Seelmann